2

ESO

MÚSICA

INÉS MONREAL, CARLOS G. CUÉLLAR

Usa este código para:

Acceder al **BANCO DE RECURSOS**

y descargar el **LIBRO DIGITAL**

disponibles en www.anayaeducacion.es

ANAYA

ASÍ ES TU LIBRO

APERTURA DE UNIDAD

Acercamiento a los contenidos que se van a trabajar en la unidad a través de una **lectura motivadora** y de una fotografía relacionada con ella.

Cuestiones de actualidad para la **reflexión** y el **debate.**

Imágenes sugerentes para la observación y la interpretación.

DESARROLLO DE LOS CONTENIDOS Y ACTIVIDADES

Los conceptos se explican con sencillez y se acompañan de esquemas que facilitan su comprensión.

Los **iconos** incluidos en algunas actividades sugieren la clave del proyecto que puede aplicarse en cada caso.

Los **organizadores visuales** apoyan los contenidos.

Organizador de llaves

Esquema

Mapa mental, etc.

Dos tipos de actividades

Comprende, piensa, aplica... para trabajar la música desde diferentes enfoques.

Escucha en clase, en Internet o a través de la web para realizar actividades de análisis musical.

LAS CLAVES DEL PROYECTO

Compromiso ODS

Descubre los Objetivos de Desarrollo Sostenible y forma parte activa de nuestro compromiso para lograr un mundo más igualitario y habitable.

Plan Lingüístico

Pon en práctica tus destrezas comunicativas en los diferentes tipos de texto que te proponemos. El lenguaje siempre está presente, ¡comunícate!

Desarrollo del pensamiento

Trabaja estrategias de pensamiento: reflexiona sobre los contenidos que estás aprendiendo, genera ideas, organízalas, priorízalas, arguméntalas, exponlas...

Aprendizaje cooperativo

Implícate en tu aprendizaje y participa en el de todo el grupo; comprobarás que cooperar mejora el rendimiento y la convivencia en clase.

TALLER DE INSTRUMENTOS

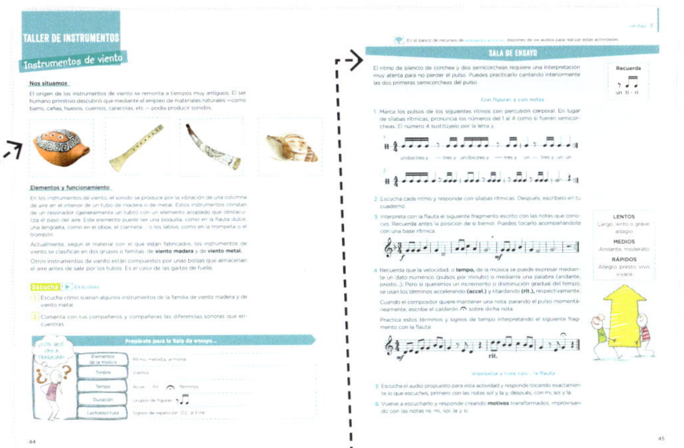

Conocimiento de las características y el funcionamiento de diversos instrumentos y de cómo es su sonido.

Sala de ensayo para aplicar el lenguaje musical, a partir de actividades de interpretación de ritmos y melodías.

TALLER DE INTERPRETACIÓN

El audio lo podrás escuchar en el banco de recursos de anayaeducacion.es

Actividades que ayudan a la preparación de la **interpretación,** a la vez que se repasan y se practican aspectos del lenguaje musical.

Lectura e interpretación de partituras, de diferentes épocas, con instrumentos de aula.

EN CLAVE MUSICAL
TRABAJA CON LO APRENDIDO

Actividades de diferente tipología sobre los aspectos esenciales de la unidad a través de variadas estrategias de evaluación.

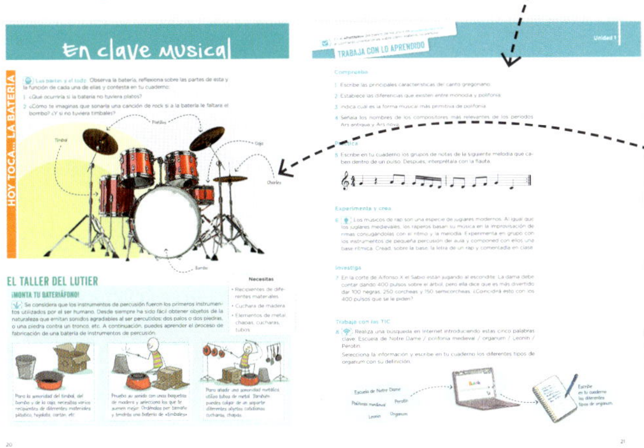

Trabajo individual

Tareas en equipo

En **clave musical** para ampliar conocimientos sobre diversos aspectos relacionados con la música.

CULTURA ANDALUZA

Y al final del libro, la revista de música **«Compás andaluz»** te ofrece contenidos relacionados con el folclore, el flamenco y la cultura musical de Andalucía.

Educación emocional

Aprende a conocerte; identifica las situaciones que te generan emociones bloqueantes y gestiónalas con experiencias de autoafirmación constructiva.

Cultura emprendedora

Confía en tus aptitudes y conocimientos, desarrolla la creatividad, adáptate a las situaciones cambiantes y ten una actitud proactiva y responsable.

TIC

Aprende a obtener información, seleccionarla y aplicarla; a planificar, gestionar y elaborar trabajos; a colaborar en Red de forma ética y segura.

Orientación académica y profesional

Valora tus capacidades personales, descubre y despierta tu vocación, entrénate en la toma de decisiones y aprende a orientarte entre distintas opciones.

Evaluación

Descubre diversas estrategias para analizar qué has aprendido y cómo lo has aprendido; entrénate para asumir compromisos o superar dificultades.

ASÍ ES EL PROYECTO DIGITAL

www.anayaeducacion.es

Regístrate en **www.anayaeducacion.es**. Solo necesitas tener un correo electrónico, el código que se indica en la primera página de este libro y el permiso de tu padre, madre, tutor o tutora legales. Así podrás acceder al banco de recursos y descargar el libro digital.

LIBRO DIGITAL

Una versión digital de tu libro, que podrás usar en condiciones *offline* y *online*, con acceso a los recursos digitales tanto agrupados por tipologías como asociados a los contenidos de cada unidad.

BANCO DE RECURSOS

Un espacio con recursos, técnicas y actividades, diseñado para afianzar tus conocimientos.

RECURSOS RELACIONADOS CON LAS CLAVES DEL PROYECTO

Más sobre las claves

Compromiso ODS, con microvídeos que te ayudarán a conocer cuáles son las metas para alcanzar los Objetivos de Desarrollo Sostenible trabajadas en el proyecto.

Plan Lingüístico, con infografías que te darán las pautas para abordar el trabajo por medio de distintos tipos de textos (descriptivo, narrativo, expositivo, etc.).

Desarrollo del pensamiento, donde se incorporan explicaciones sobre cómo aplicar las distintas estrategias de pensamiento planteadas en el proyecto.

Aprendizaje cooperativo, que incluye la descripción de las técnicas de aprendizaje cooperativo propuestas en el proyecto.

Educación emocional, con orientaciones para superar la inquietud generada en diferentes situaciones de tu proceso de aprendizaje (inicio del curso, enfrentarte a un examen, etc.).

TIC, mediante fichas que reforzarán tu uso saludable, correcto y seguro de las tecnologías de la información y la comunicación.

Orientación académica y profesional, con información sobre diferentes profesiones vinculadas a los contenidos tratados en la asignatura.

Evaluación, se presentan orientaciones para hacer tu portfolio, así como rúbricas y dianas que facilitan tu autoevaluación.

RECURSOS DESTACADOS DE LA MATERIA

- ☐ Vídeos
- ☐ Infografías
- ☐ Antología de canciones tradicionales
- ☐ Fichero de compositores y compositoras
- ☐ Repertorio de canciones en inglés
- ☐ Murales de instrumentos

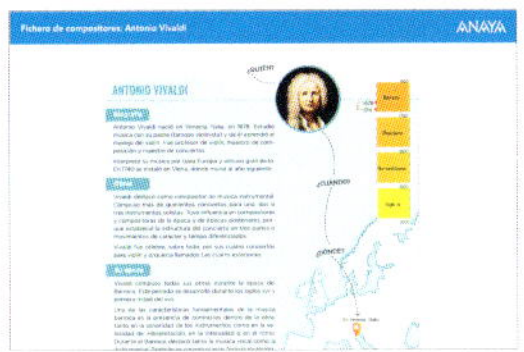

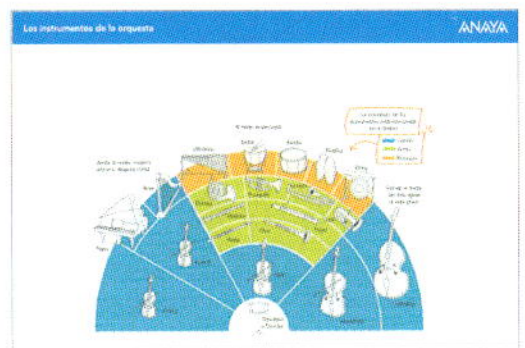

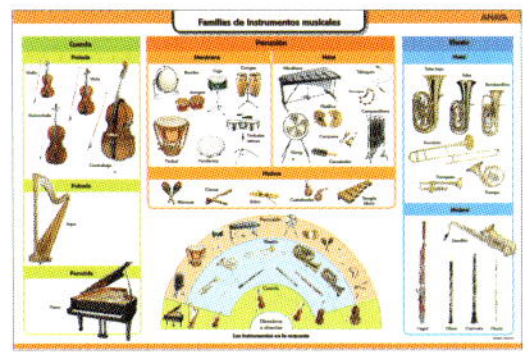

RECURSOS CLASIFICADOS POR UNIDADES

Todos los recursos clasificados para que puedas localizar fácilmente los relacionados con cada apartado de tu unidad.

CONTENIDOS DEL CURSO

1 EN LOS INICIOS Pág. 8

La Antigüedad y la Edad Media 10
Taller de instrumentos: La batería 16
Taller de interpretación: Música medieval 18
En clave musical 20
Hoy toca... La batería
El taller del lutier: ¡Monta tu bateriáfono!
Trabaja con lo aprendido 21

2 ORDEN NATURAL Pág. 22

La música en el Renacimiento 24
Taller de instrumentos: La voz 30
Taller de interpretación: Música renacentista 32
En clave musical 34
Hoy toca... La voz
Mundo digital: La toma de sonido
Trabaja con lo aprendido 35

3 ADORNO Y CEREMONIA Pág. 36

La música en el Barroco 38
Taller de instrumentos: Instrumentos de viento 44
Taller de interpretación: Música barroca 46
En clave musical 48
Hoy toca... El viento
Mundo digital: La grabación por pistas
Trabaja con lo aprendido 49

4 PARA TODOS LOS PÚBLICOS Pág. 50

La música en el clasicismo 52
Taller de instrumentos: Instrumentos de cuerda 58
Taller de interpretación: Música clasicista 60
En clave musical 62
Hoy toca... La cuerda
Profesiones musicales: La producción musical
Trabaja con lo aprendido 63

5 VIAJE A LOS SUEÑOS Pág. 64

La música en el Romanticismo 66
Taller de instrumentos: El piano 72
Taller de interpretación: Música romántica 74
En clave musical 76
Hoy toca... El teclado
Profesiones musicales: Arreglista
Trabaja con lo aprendido 77

6 CRUCE DE CAMINOS Pág. 78

La música en el siglo XX 80
Taller de instrumentos: Instrumentos de percusión ... 86
Taller de interpretación: Música del siglo XX 88
En clave musical 90
Hoy toca... La percusión
El taller del lutier: Construye instrumentos de pequeña percusión
Trabaja con lo aprendido 91

7 LA MÚSICA POPULAR URBANA Pág. 92

Los estilos musicales modernos 94
Taller de instrumentos: Instrumentos electrófonos 100
Taller de interpretación: Música jazz 102
En clave musical 104
Hoy toca... Los electrófonos
Mundo digital: La mezcla final
Trabaja con lo aprendido 105

8 SONIDOS DE RAÍZ Pág. 106

La música tradicional 108
Taller de instrumentos: Instrumentos tradicionales 114
Taller de interpretación: Música folk 116
En clave musical 118
Hoy toca... El folk
El taller del lutier: Construye un monocordio
Trabaja con lo aprendido 119

COMPÁS ANDALUZ Pág. 121

El arte flamenco 122
La difusión 124
La agrupación flamenca 126
El cante y los estilos 128
Los temas de los cantes 130
El toque 132
El baile 134

1

EN LOS INICIOS

Imagina que dentro de 2000 años tan solo quedasen como muestra de lo que fue la música occidental algunas partituras de Beethoven, fragmentos de algunos discos de vinilo y restos de instrumentos musicales rotos. Pues esto es lo que sucede hoy en día cuando se trata de conocer cómo era la música en la Antigüedad. No hay apenas restos, y los que hay son elementos incompletos que hacen muy difícil saber realmente cómo era la música y, sobre todo, cómo sonaba.

Lo que sí sabemos —gracias a las narraciones mitológicas, las pinturas, las cerámicas y algunos vestigios arquitectónicos— es que la música estaba muy presente en todo tipo de acontecimientos religiosos y sociales. Incluso que formaba parte importante en la educación de la juventud, como sucedía en la antigua civilización griega.

Prepárate para...

- **Conocer** cómo era la música en la Antigüedad.
- **Descubrir** la notación musical que surgió en el período de la Edad Media.
- **Entender** qué es la monodia y la polifonía.
- **Practicar, improvisar y crear** con el lenguaje musical.
- **Interpretar** en grupo una melodía medieval.
- **Descubrir** un instrumento de percusión: la batería.

REFLEXIONA Y DEBATE

1 ¿Cómo imaginas que podrían hacer música los hombres y las mujeres de las primeras civilizaciones?

2 ¿De qué grupo social serían las personas que acudirían a un teatro como el de la imagen?

3 ODS Reflexiona sobre la importancia de la educación musical para el ser humano y la necesidad de tener acceso a ella.

ODS **anayaeducacion.es** Consulta el vídeo de la **Meta 4.b.**

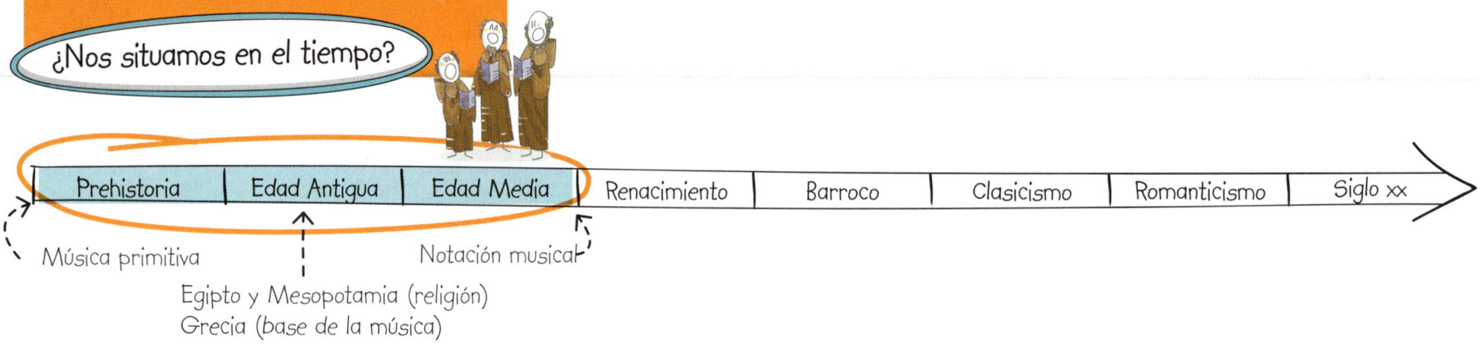

LA ANTIGÜEDAD Y LA EDAD MEDIA

1 Los orígenes de la música occidental

La música es tan antigua como el ser humano y lo acompaña desde sus orígenes. Surgió a partir de la imitación de los sonidos de la naturaleza y de la reproducción del sonido rítmico y monótono, producido por algunas actividades cotidianas.

Poco se conoce de cómo era la música primitiva. Gracias a las investigaciones arqueológicas, sabemos que la música estaba presente en actos religiosos y rituales, y que a ella se le atribuían virtudes mágicas y curativas.

En las grandes civilizaciones de la Antigüedad, como la egipcia o la mesopotámica, la música tenía un origen divino y estaba muy vinculada a la religión. El canto, con frecuencia acompañado por instrumentos, formaba parte de las ceremonias religiosas y civiles.

2 Los precedentes griegos

Las bases de la música occidental se encuentran en la antigua civilización griega. En Grecia (800 a. C.-146 a. C.), la música tuvo un gran desarrollo y era un arte muy ligado a la poesía y a las representaciones teatrales.

Los griegos escribieron los primeros tratados musicales, crearon una ordenación musical en la que se establecieron los modos y un precario sistema de notación.

Los instrumentos más utilizados en la antigua Grecia fueron la lira, el arpa, el aulós y el órgano o hidraulos.

Comprende, piensa, aplica...

1 **Veo, pienso, me pregunto.** Observa la imagen y responde en tu cuaderno. ¿Qué ves? ¿Reconoces los instrumentos que están tocando? ¿Se parecen a los actuales? ¿Cuál crees que era el papel de la mujer en la música del antiguo Egipto? Comenta con el grupo.

Grupo de cantoras egipcias tocando instrumentos. Pintura sobre estuco de la tumba de Djeserkaraseneb en Tebas, Egipto (hacia 1400 a.C.).

3 La Edad Media

La caída del imperio romano dio paso a un nuevo período histórico y artístico denominado Edad Media (siglos V-XV). Durante esta época, los monasterios se convirtieron en los centros de la cultura. La música estaba fuertemente ligada a la religión y era interpretada por el clero.

En la Edad Media surgió la **notación musical.** Hasta ese momento, los textos cantados y las melodías no estaban escritos; se transmitían de forma oral. En los monasterios, los copistas comenzaron a dibujar signos sobre el texto, llamados «neumas», para ayudar a los monjes a recordar la melodía.

Los **neumas** consistían en líneas rectas y curvas que trazaban el diseño melódico de la composición. Surgió así la **notación neumática.**

A lo largo de la Edad Media, los neumas evolucionaron hacia unos signos más claros y de forma cuadrada que indicaban la altura de los sonidos; estos signos dieron paso a la **notación cuadrada.**

Guido d'Arezzo y la escritura musical

A él se le debe, en gran parte, el origen de nuestra escritura musical.

Estableció un nombre para cada nota de la escala, a partir de la primera sílaba de cada verso del himno dedicado a san Juan Bautista.

Dio origen a la actual escritura musical, asentando la posición de cada nota en cuatro líneas paralelas horizontales (tetragrama).

Notación neumática. Antifonario mozárabe de la catedral de León (siglo XI).

Libro de cánticos escritos en notación cuadrada. Monasterio de Guadalupe, Cáceres (siglo XIII).

Comprende, piensa, aplica...

2 **Rueda lógica.** Después de leer la información sobre la notación musical, y con la ayuda del organizador gráfico, responde en tu cuaderno a las cuestiones que se plantean. Pon en común los resultados.

4 La monodia

La **monodia** se caracteriza por la combinación de sonidos de una misma melodía, sin que otros sonidos distintos suenen a la vez.

Monodia religiosa: el canto gregoriano

La finalidad del canto era enseñar la palabra de Dios a los fieles, por lo que era más importante el texto que la música. El ritmo del canto es libre, ya que depende del texto.

Observa las principales características del canto gregoriano.

CANTO GREGORIANO
Canto monódico de carácter religioso.

- Canto a capella → Melodía cantada sin acompañamiento instrumental → Cantada en latín
- Tipos según relación entre melodía y texto
  - Silábico → Una nota por cada sílaba
  - Neumático o adornado → Dos o tres notas por cada sílaba
  - Melismático → Más de tres notas por cada sílaba

Escucha En la clase

Introito lux fulgebit, canto gregoriano.

1 Escucha atentamente y observa la partitura de las primeras notas. Está escrita con notación cuadrada, utilizada para representar la altura de los sonidos.

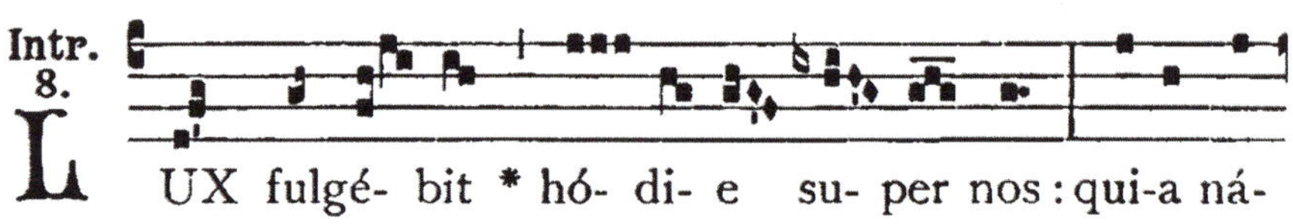

2 **Escucho, pienso, me pregunto.** Señala si el canto está interpretado por un solista o por un coro masculino. Indica si el pulso de la audición es constante o no lo es. Coméntalo en clase con tus compañeros y compañeras.

3 Después de escuchar la audición, reflexiona y responde: ¿qué tipo de emociones transmite el canto gregoriano? ¿Eres capaz de imaginar en qué lugares se cantaba esta música? ¿Qué emociones te transmite la música (tranquilidad, nerviosismo, alegría, tristeza...)? Comparte tus reflexiones con el grupo.

Compositoras medievales

En la Edad Media, la mayoría de las compositoras estaban relacionadas con el canto litúrgico, ya que el ámbito religioso era el único lugar donde las mujeres pudieron desarrollar sus facultades intelectuales y artísticas. Muchas eran monjas que componían para sus congregaciones.

Una de ellas fue la compositora alemana **Hildegard von Bingen** (1098-1179), religiosa que compuso piezas litúrgicas para su comunidad y fue la creadora del primer drama litúrgico musical que se conserva.

Monodia profana: los trovadores

Fuera de los monasterios se desarrolló la música profana. Era interpretada por los trovadores y los juglares, acompañados de instrumentos como el laúd. La temática de las composiciones era variada y muy cercana a los intereses del pueblo.

El trovador era un artista culto, poeta y músico, a veces de origen noble. El juglar, por el contrario, era un músico y actor ambulante de origen humilde que interpretaba las canciones de los trovadores.

La música interpretada por los trovadores tiene ritmo marcado y medido, a diferencia del ritmo libre del canto gregoriano. La letra de las canciones está compuesta en lenguas romances.

El movimiento trovadoresco surgió en el sur de Francia, a finales del siglo XI y se extendió rápidamente por toda Europa. En Alemania, los trovadores recibieron el nombre de *minnesinger*. En España tuvo especial relevancia en la zona de Galicia, en donde las canciones se llamarán «cantigas».

Escucha ▶ En la clase

Quan vei la flor, de Bernart de Ventadorn.

1 Escucha, selecciona y escribe en tu cuaderno la información correcta relacionada con la audición:

— canto a capella/canto con acompañamiento instrumental;

— canto monódico/canto polifónico;

— ritmo regular/ritmo irregular.

2 Compara esta audición con la que has escuchado en la página anterior y señala las diferencias que encuentres. Comparte después la información con el grupo.

Comprende, piensa, aplica...

3 Busca en el banco de recursos de anayaeducacion.es la información relacionada con las cantigas de Alfonso X y haz un esquema de sus características principales.

4 **El espejo.** Indica cuáles son los rasgos diferenciadores de la monodia religiosa y la monodia profana. Copia el siguiente organizador gráfico en tu cuaderno para realizar la actividad.

	MONODIA RELIGIOSA	MONODIA PROFANA
Ritmo		
Idioma		
Intérpretes		
Temática		
Instrumentos		

Alfonso X el Sabio compuso, en estilo trovadoresco, sus *Cantigas de Santa María.*

5 La polifonía

En el siglo IX apareció la polifonía como una evolución del canto gregoriano, cuando los músicos empezaron a introducir una segunda voz para dar más solemnidad al canto religioso.

La **polifonía** se caracteriza por la combinación de sonidos y melodías distintas de una manera simultánea. Se distinguen dos períodos en su desarrollo: el Ars antiqua y el Ars nova.

Ars antiqua

Durante el Ars antiqua (siglos XII y XIII) se desarrolló la primera forma polifónica: el **organum.**

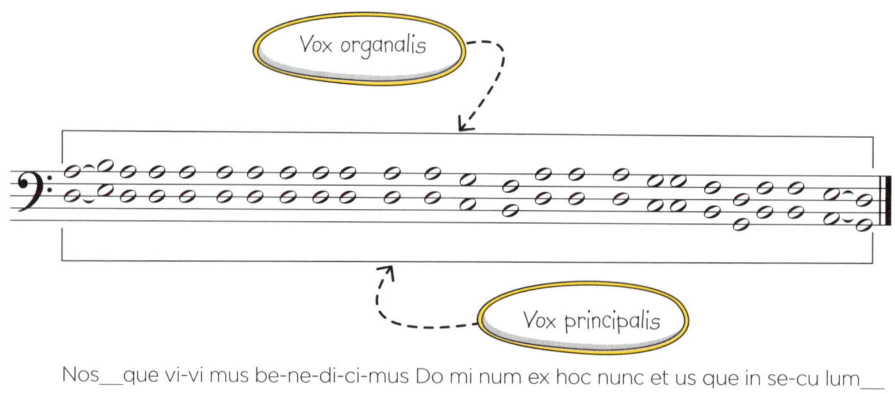

Otras formas del Ars antiqua fueron el **conductus** y el **motete.**

FORMAS DEL ARS ANTIQUA

- **Organum**: Añade a una melodía de canto gregoriano (vox principalis) una segunda voz, que se mueve de forma paralela a la primera (vox organalis).
- **Conductus**: La melodía y el texto de todas las voces son de nueva creación; no se utilizan composiciones existentes.
- **Motete**: Consta de dos o tres voces, cada una de las cuales canta un texto distinto y tiene también un ritmo diferente.

Perotín y Leonin, de la Escuela de Notre Dame de París, fueron los compositores más relevantes del Ars antiqua.

Escucha En la clase

Organum Sederunt Principes, de Perotín.

1 **Sumamos.** Escucha atentamente y contesta en tu cuaderno: ¿Eres capaz de identificar cuántas melodías suenan a la vez? ¿Cantan el mismo texto? ¿Tiene cada melodía el mismo ritmo o tiene ritmo diferente? Comparte después las respuestas con el resto de la clase.

2 Cread por parejas un documento en el que redactéis dos semejanzas y dos diferencias entre la composición de canto gregoriano *Introito lux fulgebit* y el *Organum Sederunt Principes*, de Perotín.

Ars nova

El Ars nova se desarrolló durante el siglo XIV. En esta época, la polifonía se perfecciona y adquiere mayor complejidad rítmica y melódica.

Durante este período, la sociedad comienza un lento proceso de secularización. Se produce un ascenso de las clases medias y un debilitamiento del prestigio de la Iglesia. Este hecho provoca que la música profana comience a adquirir mayor importancia frente a la religiosa.

La forma más utilizada es el **motete,** pero con transformaciones respecto al del Ars antiqua: pasa a tener mayor complejidad, tanto a nivel rítmico como melódico y, en muchos casos, emplean simultáneamente textos religiosos y profanos. Otras formas del Ars nova son el **canon,** la **balada** o la **chanson.**

Las figuras más representativas del Ars nova fueron los compositores Guillaume de **Machaut** y Francesco **Landini.**

El Codex Las Huelgas es el único manuscrito polifónico conservado en su lugar de origen, el monasterio de Las Huelgas (Burgos), y contiene piezas musicales del Ars antiqua y del Ars nova.

Escucha En la clase

Balada *Dame, se vous m'estes lointeinne,* de Guillaume de Machaut.

1 Escucha y escribe las diferencias que aprecias entre esta audición y la escuchada anteriormente, *Lux fulgebit,* del canto gregoriano, en cuanto al ritmo, el tipo de agrupación, el acompañamiento instrumental, etc. Reflexiona y debate en la clase sobre ello.

2 ¿Identificas en qué idioma está cantada esta balada?

Escena del amor cortés extraída de un manuscrito francés, escrito por Guillaume de Machaut (siglo XIV).

Comprende, piensa, aplica...

5 Después de leer la información relacionada con el nacimiento de la polifonía y su desarrollo, organízala y haz un mapa visual con los contenidos. Realiza la actividad con la ayuda del siguiente organizador gráfico. Pon en común los resultados.

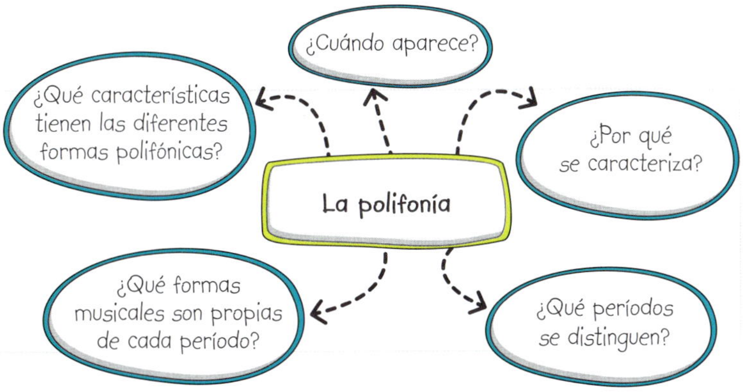

TALLER DE INSTRUMENTOS

La batería

Nos situamos

La batería es uno de los instrumentos básicos de la música actual. Su presencia es imprescindible en la música rock, en el pop, en el jazz, etc.

Consiste en un conjunto de diferentes instrumentos de percusión, surgido de la necesidad de reducir el número de músicos que participaban en las orquestas de los salones de baile, a principios del siglo XX. Así, un solo percusionista toca todos los instrumentos.

Elementos y funcionamiento

Los tres elementos principales de la batería son el **bombo,** la **caja** y el **charles.** A ellos se les añaden diferentes tipos de **platos** y de **timbales.** La invención de los pedales de bombo y de charles, y del soporte para la caja terminó de conformar la batería tal y como la conocemos hoy.

La batería se toca con baquetas o con escobillas. Estas últimas se utilizan para producir un sonido más apagado.

Instrumentos independientes

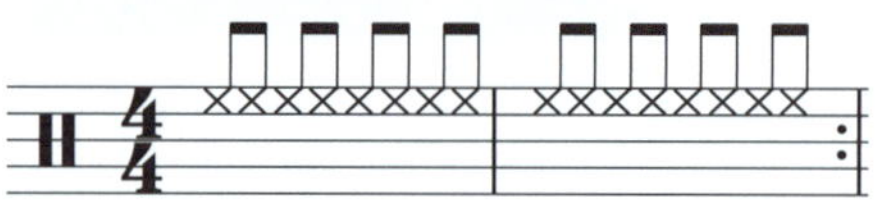

Charles (mano dcha.)

Caja (mano izda.)

Bombo (pie dcho.)

Batería completa

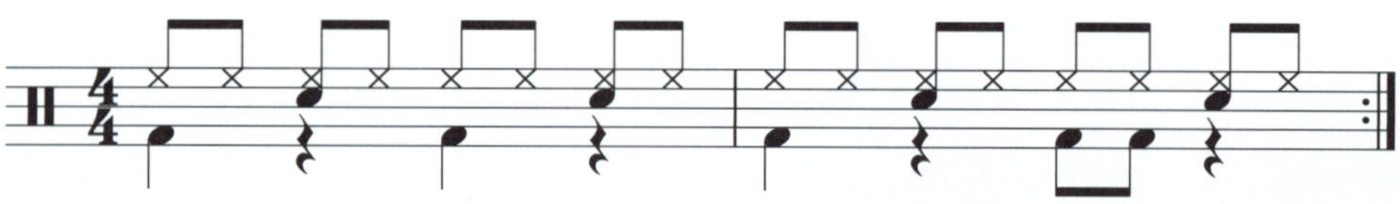

La clave neutra 𝄃 indica que lo escrito en el pentagrama no tiene una altura concreta.

Prepárate para la Sala de ensayo...

Elementos de la música	Ritmo, melodía, armonía
Cualidades del sonido	Timbre, intensidad, duración, altura
Timbre	Batería
Intensidad	Matices: *pp p mf f ff* Acento: >
Duración	Figuras: ♩ ♫ ♬ 𝄽 𝄾♪
Compás	Binario $\frac{2}{4}$ Cuaternario $\frac{4}{4}$
Lectoescritura	Clave de percusión: 𝄥 Clave de sol: 𝄞 Signos de repetición: 𝄆 𝄇

En el banco de recursos de anayaeducacion.es, dispones de los audios para realizar estas actividades.

SALA DE ENSAYO

Vas a trabajar diferentes patrones de batería. Observa como la caja y el charles no varían su ritmo, mientras que el bombo presenta variaciones. Con ello se consiguen diferentes ritmos que se adaptarán a cada estilo.

Con figuras y con notas

Recuerda

1 Marca los pulsos sobre la base rítmica, incidiendo con más fuerza sobre el acento natural del compás. Puedes hacerlo con palmadas.

2 Comprueba si eres capaz de sentir los pulsos en dicha base, sin marcarlos. Entonces golpea con el pie derecho en el suelo para simular que tocas el bombo.

1

2

3 Ahora intenta tocar al mismo tiempo, sobre la mesa, el ritmo del charles con la mano derecha y el de la caja con la mano izquierda.

4 Prueba de nuevo, pero con los siguientes patrones. Observa que incluyen corcheas a contratiempo (precedidas de silencio).

1

2

5 Escucha ahora una base rítmica de fandango (en compás de tres pulsos). Intenta tocar sobre ella estos otros patrones.

1

2

Improvisa y crea con... la batería

6 Crea e interpreta un nuevo patrón de batería, variando ligeramente el ritmo del bombo o del charles en uno de los patrones siguientes. Si no tienes batería, sustitúyela por una silla u otros objetos. Interpreta sobre el audio propuesto para esta actividad.

1

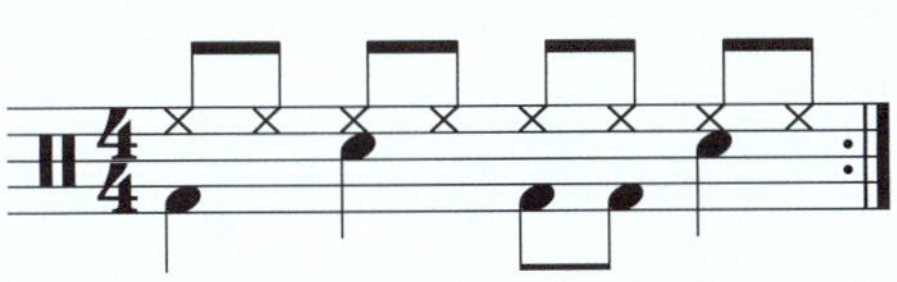

2

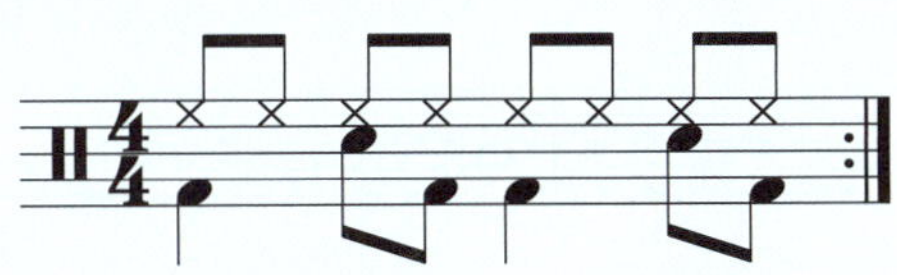

7 Selecciona una canción que te guste que tenga un compás cuaternario y sobre ella trabaja los patrones que acabas de practicar y crea variaciones sobre estos.

TALLER DE INTERPRETACIÓN

Música medieval

Nos situamos

La partitura que vas a interpretar pertenece a una de las cantigas recopiladas por el rey Alfonso X el Sabio.

Prepara la interpretación

1 Primero escucha la música. Apreciarás que, en esta versión, después de la introducción de percusión, se toca un fragmento instrumental dos veces (con forma ABA') y después se recita un texto. Se trata de la música de la Cantiga 60, sin canto, y el recitado del prólogo de las cantigas.

2 Decidid quién va a tocar las melodías y quién el acompañamiento. El grupo que toque la línea inferior de láminas ha de cambiar la lámina si por si bemol.

3 Antes de comenzar a tocar, presta atención a los **signos de repetición,** a los **matices de intensidad** (dinámica) y al cambio de **compás,** de 4/4 a 2/4, y viceversa.

Escucha y practica la partitura en el banco de recursos en anayaeducacion.es.

Escucha En la clase

Cantiga 60, tradicional / Carlos G. Cuéllar

I A B A' A B A' C

Escucha, aprende e interpreta.

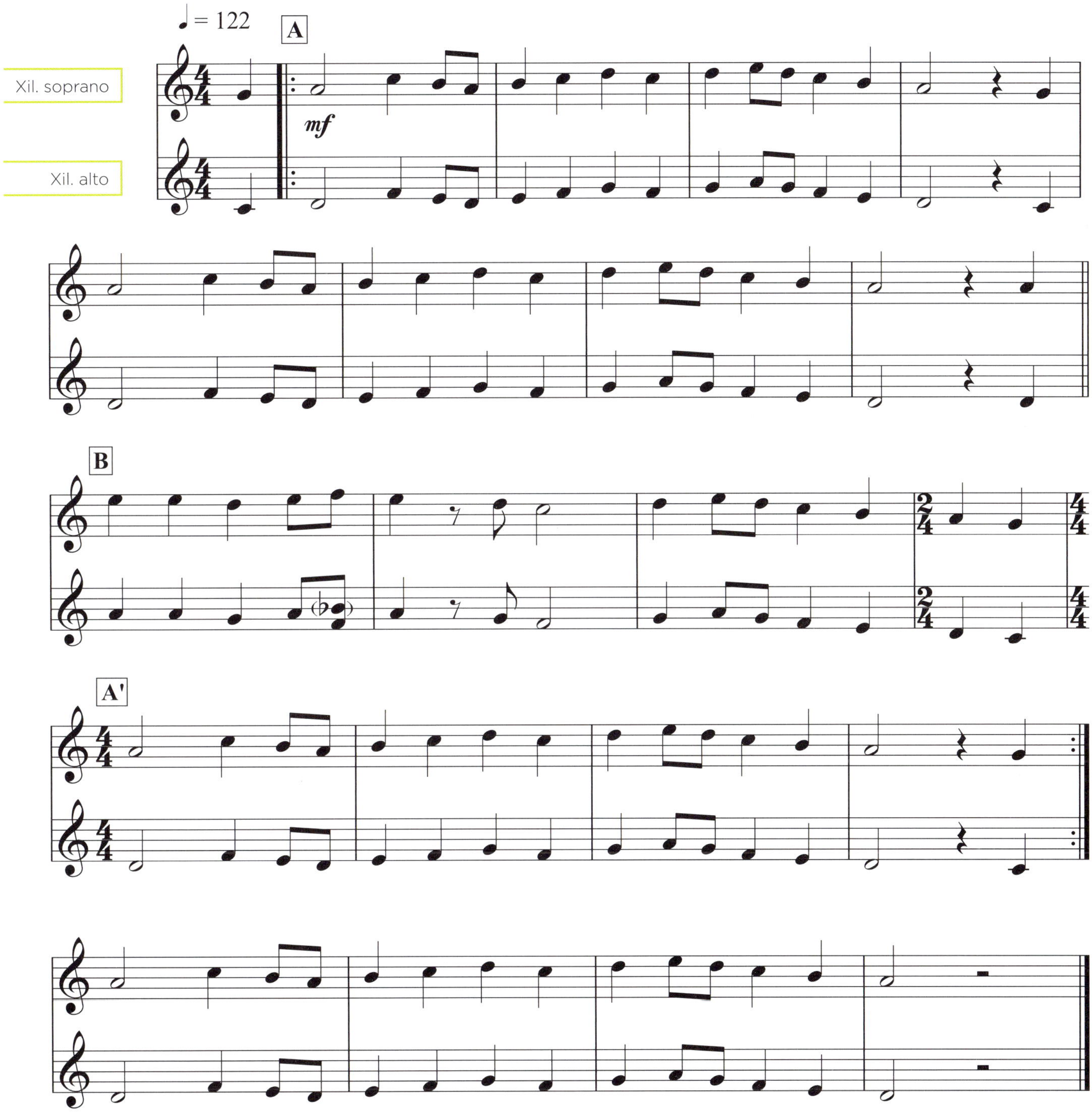

Este é o Prologo das Cantigas de Santa Maria, ementando as cousas que a mester eno trobar.

Porque trobar é cousa en que jaz
entendimiento, poren queno faz
ao d'aver e de razon assaz,
per que entenda e sabia dizer
o que entend´e de dizer lle praz,
ca ben trobar assi s'a de fazer.

E o que quero é dize loor
da Virgen, madre de nostro Sennor,
Santa Maria, que ést' a mellor
cousa que el fez; e por aquest' eu
quero seer oy mais seu trobador
e rogo-lle que me quiera por seu
Trobador...

En clave musical

HOY TOCA... LA BATERÍA

Partes que suman. Observa la batería, reflexiona sobre las partes de esta y la función de cada una de ellas y contesta en tu cuaderno:

1 ¿Qué ocurriría si la batería no tuviera platos?

2 ¿Cómo te imaginas que sonaría una canción de rock si a la batería le faltara el bombo? ¿Y si no tuviera timbales?

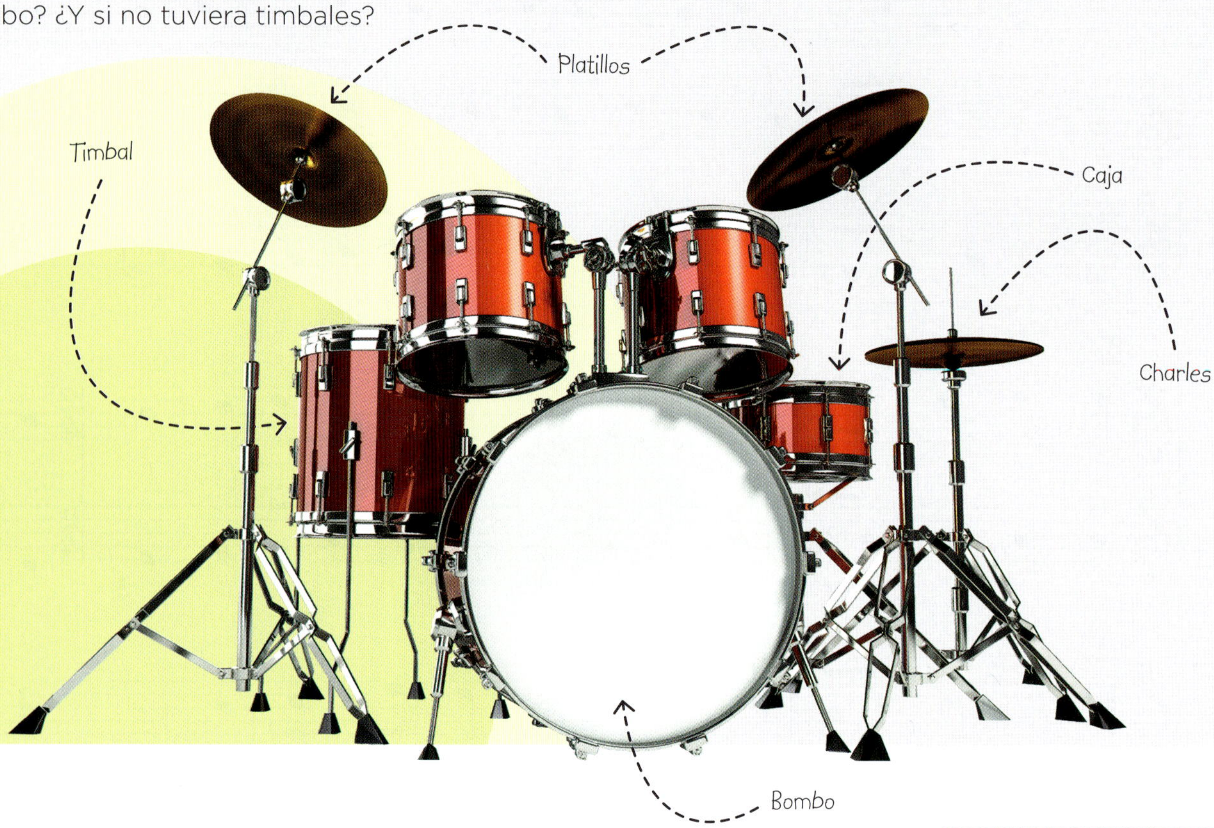

EL TALLER DEL LUTIER

¡MONTA TU BATERIÁFONO!

Se considera que los instrumentos de percusión fueron los primeros instrumentos utilizados por el ser humano. Desde siempre ha sido fácil obtener objetos de la naturaleza que emitan sonidos agradables al ser percutidos: dos palos o dos piedras, o una piedra contra un tronco, etc. A continuación, puedes aprender el proceso de fabricación de una batería de instrumentos de percusión.

Necesitas

- Recipientes de diferentes materiales.
- Cuchara de madera.
- Elementos de metal: chapas, cucharas, tubos...

Para la sonoridad del timbal, del bombo y de la caja, necesitas varios recipientes de diferentes materiales: plástico, hojalata, cartón, etc.

Prueba su sonido con unas baquetas de madera y selecciona los que te suenen mejor. Ordénalos por tamaño y tendrás una batería de «timbales».

Para añadir una sonoridad metálica, utiliza tubos de metal. También puedes colgar de un soporte diferentes objetos cotidianos: cucharas, chapas...

En el **«Portfolio»** del banco de recursos de anayaeducacion.es, encontrarás orientaciones sobre cómo elaborar tu porfolio.

TRABAJA CON LO APRENDIDO

Comprueba

1 Escribe las principales características del canto gregoriano.

2 Establece las diferencias que existen entre monodia y polifonía.

3 Indica cuál es la forma musical más primitiva de polifonía.

4 Señala los nombres de los compositores más relevantes de los períodos Ars antiqua y Ars nova.

Practica

5 Escribe en tu cuaderno los grupos de notas de la siguiente melodía que caben dentro de un pulso. Después, interprétala con la flauta.

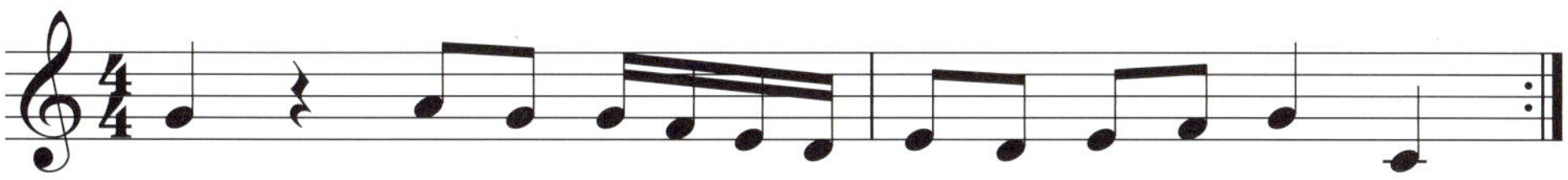

Experimenta y crea

6 Los músicos de rap son una especie de juglares modernos. Al igual que los juglares medievales, los raperos basan su música en la improvisación de rimas conjugándolas con el ritmo y la melodía. Experimenta en grupo con los instrumentos de pequeña percusión del aula y componed con ellos una base rítmica. Cread, sobre la base, la letra de un rap y comentadla en clase.

Investiga

7 En la corte de Alfonso X el Sabio están jugando al escondite. La dama debe contar dando 400 pulsos sobre el árbol, pero ella dice que es más divertido dar 100 negras, 250 corcheas y 150 semicorcheas. ¿Coincidirá esto con los 400 pulsos que se le piden?

Trabaja con las TIC

8 Realiza una búsqueda en Internet introduciendo estas cinco palabras clave: Escuela de Notre Dame / polifonía medieval / organum / Leonin / Perotin.

Selecciona la información y escribe en tu cuaderno los diferentes tipos de organum con su definición.

2
ORDEN NATURAL

El orden y el equilibrio de un ecosistema se consiguen cuando los elementos que lo conforman (plantas, animales y demás organismos vivos) están en armonía. Algo parecido sucede con la música que surge durante el Renacimiento. Las composiciones pretenden encontrar la armonía a través del orden y del equilibrio de las notas que la conforman. El resultado son obras de sonidos bellos y naturales que lo que pretenden sobre todo es agradar al oído.

Prepárate para...

- **Conocer** las características de la música renacentista.
- **Aprender** cuáles fueron las formas vocales e instrumentales.
- **Conocer** las principales escuelas europeas.
- **Practicar, improvisar y crear** con el lenguaje musical.
- **Interpretar** en grupo una melodía renacentista.
- **Descubrir** el instrumento más valioso: la voz.

REFLEXIONA Y DEBATE

1 ¿Podrías citar las acciones provocadas por el ser humano que desequilibran un ecosistema?

2 ¿Sabías que la población de gorriones ha descendido drásticamente en las ciudades? ¿A qué puede ser debido?

3 ODS ¿Cómo contribuyes a mantener el equilibrio del ecosistema?

4 ¿Qué finalidades piensas que tenía la música durante el Renacimiento?

ODS **anayaeducacion.es** Consulta el vídeo de la **Meta 14.4.**

¿Nos situamos en el tiempo?

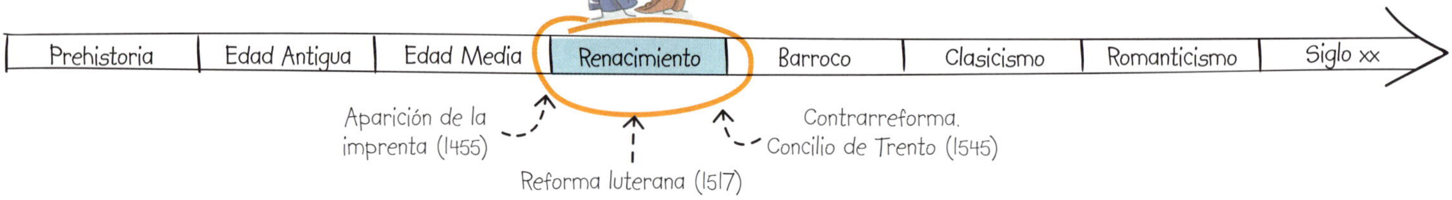

LA MÚSICA EN EL RENACIMIENTO

1 El nacimiento de una nueva época

Con la llegada del siglo xv, en Europa se produjeron grandes transformaciones sociales, culturales y religiosas que dieron lugar a una nueva época. Se la llamó **Renacimiento,** porque se pretendía hacer «renacer» las ideas de los antiguos griegos y romanos.

Durante el Renacimiento se desarrolló un movimiento intelectual y cultural llamado **humanismo,** que se basaba en la consideración del ser humano como centro del universo, dejando atrás el teocentrismo medieval. Por otra parte, se producen grandes cambios en el ámbito religioso, con la Reforma protestante de Lutero y la Contrarreforma católica. Ambos aspectos serán importantes para entender la evolución de la música.

El renacimiento musical

La música fue muy valorada y tuvo un gran desarrollo durante el Renacimiento. Fue utilizada como medio para divulgar acontecimientos importantes, se interpretaba en actos públicos y era parte importante de la educación de las personas cultas.

A diferencia de otras artes que buscan recuperar los ideales clásicos de belleza y proporción, la música no pudo inspirarse en la Antigüedad, puesto que no había referentes. Por ello, los compositores renacentistas desarrollaron un nuevo estilo, pero basado en la música medieval.

El renacimiento musical comenzó en lo que hoy conocemos como Países Bajos, extendiéndose a Francia, Italia, Alemania y España hasta llegar a ser un **estilo internacional.**

La aparición de la imprenta

En 1455, Johannes Gutenberg inventó la imprenta. Atrás quedaron los copistas medievales que transcribían de manera manuscrita las composiciones musicales.

La invención de la imprenta permitió una mayor difusión de la música.

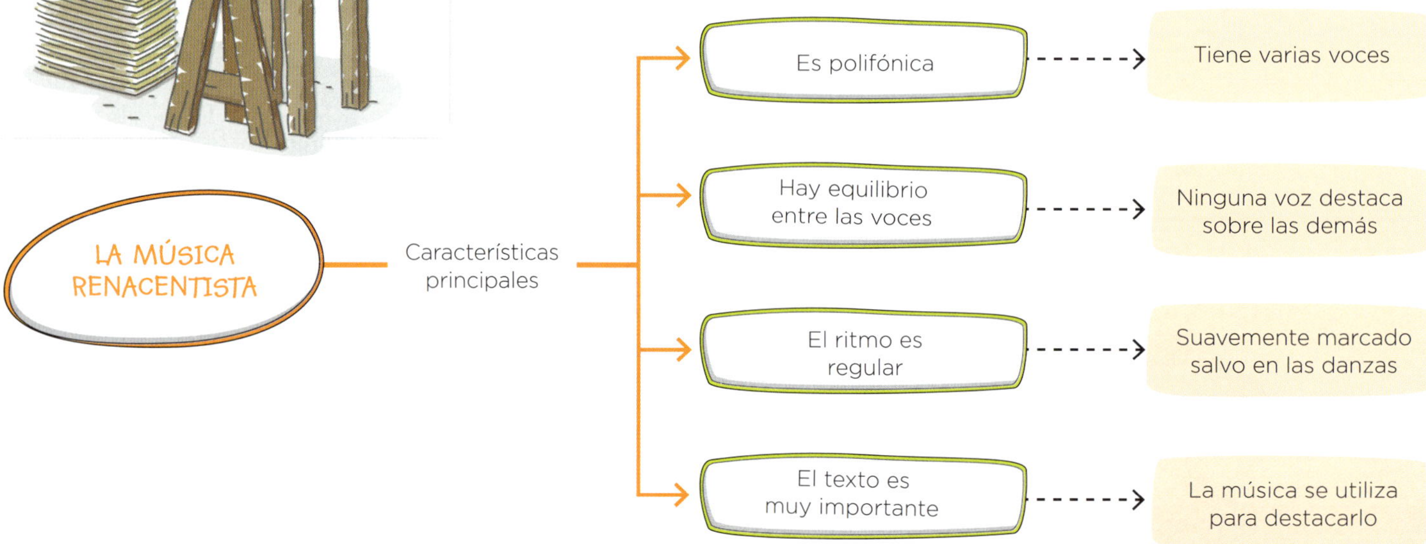

2 La importancia de la música instrumental

En el Renacimiento, los instrumentos adquieren un papel más importante y aparecen las primeras composiciones de música puramente instrumental.

Una parte importante de la música instrumental la constituyen las **danzas,** ya que el baile goza de gran popularidad durante esta época. Destacaron la pavana o la gallarda, entre otras.

Otros tipos de composiciones instrumentales son:

- Las composiciones **derivadas de la música vocal,** como el tiento, la canzona o el ricercar.
- Las **variaciones,** o diferencias, basadas en la modificación sucesiva de una melodía.
- Las **improvisaciones,** en las que no hay ni ritmo, ni melodía, ni estructura fijas, ya que la creación espontánea desempeña un papel fundamental. Destacan la fantasía y la tocata.

Algunos de los instrumentos más habituales de la época son el laúd, la flauta de pico y la vihuela.

Los instrumentos renacentistas

En esta época surge la clasificación de los instrumentos musicales por familias. A continuación se muestran algunos de los más representativos:

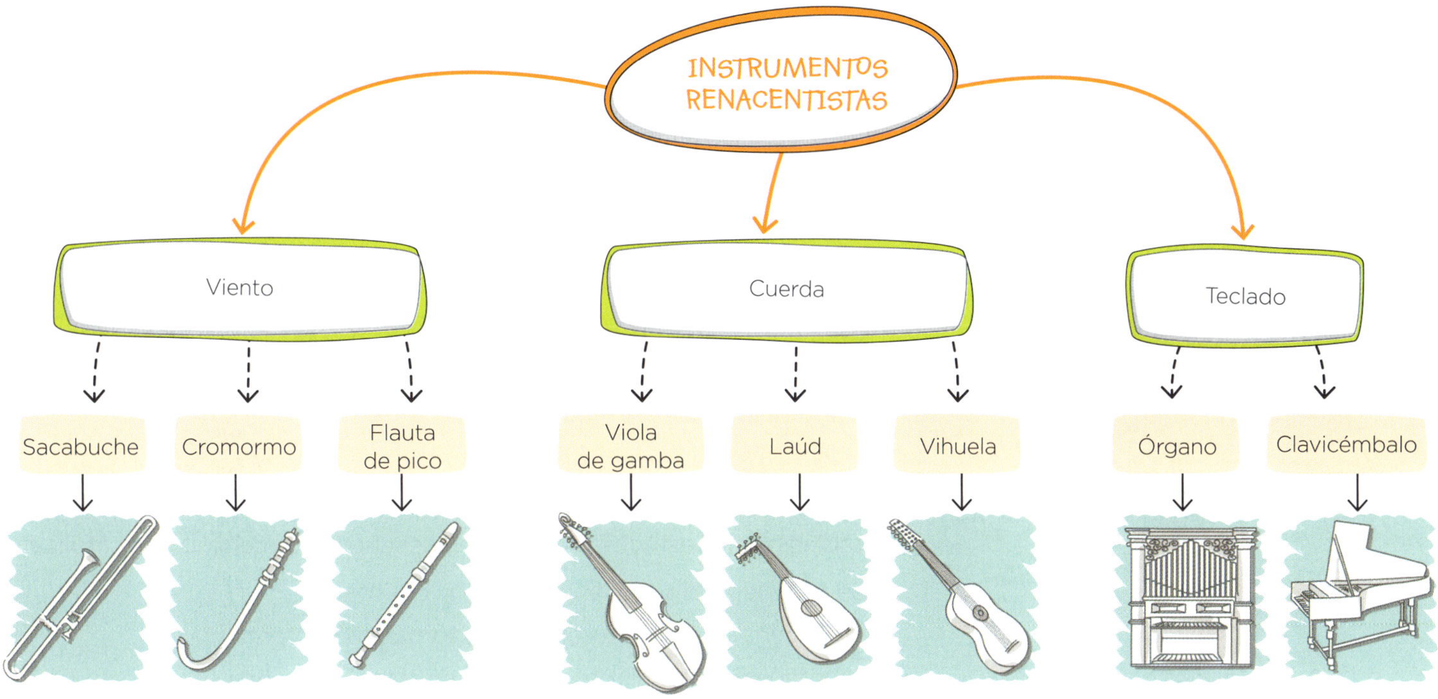

Escucha En la clase

Diferencias sobre Guárdame las vacas, de Antonio de Cabezón.

1 **Escucho, pienso, me pregunto.** Escucha cómo, a partir de un tema principal, el compositor va introduciendo las variaciones. Debate con el grupo las diferencias musicales que encontráis entre el tema principal y cada una de las variaciones.

2 Después de escuchar la audición indica qué clase de emoción has experimentado. Pon tu pensamiento en común con el grupo.

Guárdame las vacas era una canción popular de los siglos XV y XVI. Para los músicos renacentistas, las canciones populares fueron una importante fuente de inspiración.

Los coros renacentistas

En el Renacimiento cobró fuerza la polifonía, y, por tanto, el canto coral. A las mujeres no se les permitía cantar en los coros. Por ello, los niños (voces blancas) pasaron a formar parte de ellos cantando las voces más agudas de las obras polifónicas.

Niños cantores de la Cantoría de la Catedral de Florencia (1431-1438), Luca della Robbia.

3 La música vocal religiosa

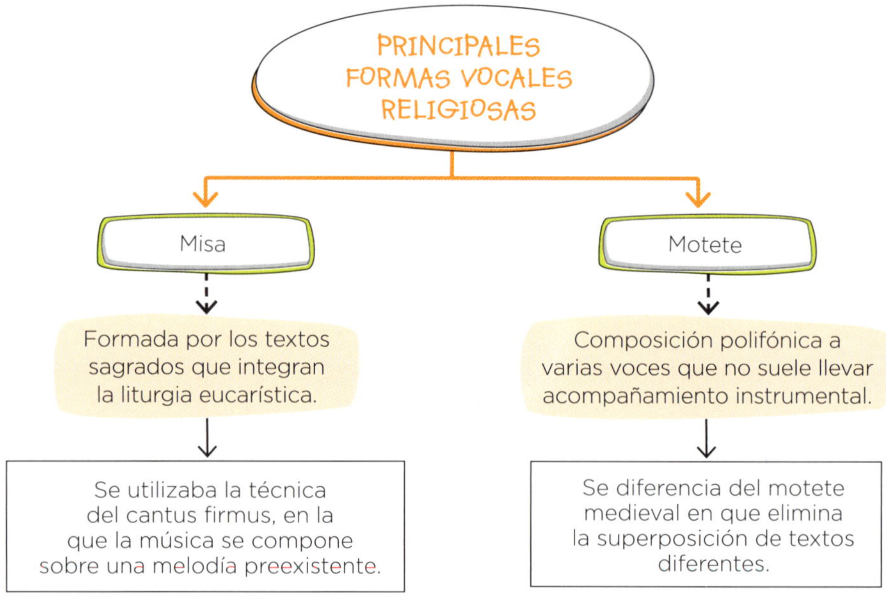

Los principales compositores de música religiosa son los italianos Giovanni Pierluigi da **Palestrina,** Orlando di **Lasso,** y los españoles Tomás Luis de **Victoria** y Cristóbal de **Morales.**

La Reforma protestante y los cambios en la música

Martín Lutero (1483-1546) fue el principal impulsor de la reforma protestante. El resultado fue la separación de sus seguidores, los protestantes, de la Iglesia católica. La reforma de Lutero trajo consigo una serie de cambios que afectaron a la música:

- Utilización del **alemán** en los cantos, para que el texto fuera comprendido por todos los fieles, abandonando así el latín.
- Creación del **coral,** forma musical basada en cantos con texto en alemán para ser empleados en el oficio religioso. El coral se convirtió en la forma musical vocal por excelencia del rito protestante.

La Contrarreforma en la música

El Concilio de Trento (1545-1563), en el que se impulsó la Contrarreforma, estableció unas estrictas normas para escribir música religiosa católica:

- Se mantiene el uso del latín en los cantos.
- Se elimina cualquier melodía de temática profana.
- Se simplifica la polifonía. Debe ser clara para que el texto sea comprensible a los fieles.

Escucha ▶ En la clase

«Kyrie», Misa del papa Marcelo, de Giovanni P. da Palestrina.

1. Escucha la audición y fíjate en la sonoridad del coro mixto y en las distintas melodías que suenan simultáneamente.
2. Escribe en tu cuaderno las palabras que has entendido del texto, y con tu grupo, ponlas en común. Averiguad en qué idioma creéis que están cantadas.

4 La música vocal profana

Durante el Renacimiento, la música profana va adquiriendo importancia, sobre todo por la influencia de las ideas humanistas basadas en la exaltación de los valores humanos. Los compositores realizan piezas profanas de gran complejidad y calidad artística, a menudo acompañadas de instrumentos.

La forma más importante es el madrigal. Surgió en Italia y se trata de una forma musical polifónica a cuatro o cinco voces. Suele ser a capella, aunque también puede llevar acompañamiento instrumental.

Por la influencia del humanismo, la temática de los madrigales está relacionada con los sentimientos del ser humano. Uno de los compositores más importantes de madrigales fue Carlo Gesualdo.

Otras formas musicales profanas que se desarrollaron en Europa son la chanson, en Francia; el **lied,** en Alemania, y el **romance,** la **ensalada** y el **villancico,** en España.

Escucha ▶ En la clase

Bella angioletta, da le vaghe piume, de Carlo Gesualdo.

1. Escucha, selecciona y escribe en tu cuaderno la información que sea correcta relacionada con la audición:
   - canto a capella/canto con acompañamiento instrumental;
   - canto monódico/canto polifónico;
   - coro mixto/coro masculino/coro femenino.

2. Compara esta audición con la que has escuchado en la página anterior. Señala las diferencias que encuentres. Comparte después la información con el grupo.

Los mecenas

Los mecenas eran personas adineradas que acogían a los artistas, para protegerlos y ayudarlos económicamente.

Los grandes miembros de la nobleza y la aristocracia van a ser los principales «mecenas» de la época renacentista.

Comprende, piensa, aplica...

1. Cabezas numeradas. Observa la imagen. ¿Qué hacen los personajes? ¿A qué clase social pertenecen? ¿Tenían los músicos libertad para componer lo que quisieran? ¿Reconoces los instrumentos que aparecen?

En el Renacimiento, la música es demandada por la nobleza para su entretenimiento y para la exaltación de su poder.

5 Las escuelas europeas

La escuela francoflamenca

El nombre de la escuela se debe a una región que comprende parte de Bélgica. En aquel lugar, durante el siglo XV, surgió un grupo de músicos que renovaron la forma de componer. Desde allí se exportó su música a toda Europa, creando el llamado **estilo internacional.** Sus principales características son:

ESTILO INTERNACIONAL

- Es música polifónica → Normalmente a cuatro voces sin acompañamiento instrumental.
- Se emplea la imitación → Unas voces repiten o imitan otras. Recibe el nombre de contrapunto imitativo.
- Equilibrio entre todas las voces → No destaca ninguna sobre las demás.

Destacan → Guillaume Dufay, Josquin des Prés

La escuela italiana

En Italia, durante el siglo XVI, Roma y Venecia fueron dos de los centros musicales más importantes de Europa.

- En **Roma,** la música estaba influenciada por las exigencias del Concilio de Trento. Las composiciones son exclusivamente religiosas y el estilo es sobrio, sencillo y claro. Los principales compositores son Giovanni Pierluigi da **Palestrina** y Orlando di **Lasso.**
- En **Venecia** es característica la policoralidad, que es el empleo de varios coros distintos dentro de la misma obra. Los compositores más destacados son Andrea **Gabrieli** y su sobrino Giovanni.

La basílica de San Marcos de Venecia, por la especial disposición de sus dos coros enfrentados, contribuyó al desarrollo del policoralismo.

La escuela española

El Renacimiento es considerado como la etapa más brillante de la música española. Este período comprende el tiempo de los reinados de los Reyes Católicos, de Carlos I y de Felipe II.

La música española renacentista está dominada por el espíritu de la Contrarreforma: las composiciones son austeras y muy expresivas, y destacan por su simplicidad y sencillez.

Uno de los compositores más destacados de música religiosa es Tomás Luis de **Victoria.** Estudió en Italia y allí conoció a Palestrina, cuya influencia se puede apreciar en sus obras.

Aunque la música más importante fue la religiosa, la profana también experimentó un gran desarrollo. Se crearon formas nuevas como el villancico, el romance o la ensalada. El compositor más destacado de música profana es Juan del **Encina.**

Escucha ▶ En la clase

Ave Maria, de Tomás Luis de Victoria.

1 Escucha atentamente este motete polifónico a ocho voces e identifica si la composición posee acompañamiento instrumental y en qué idioma está interpretado.

2 Indica si el comienzo del motete es monódico o polifónico. Justifica tu respuesta.

La arquitectura de la Contrarreforma se caracteriza, al igual que en música, por formas austeras de gran simplicidad y sencillez. Monasterio de El Escorial, Madrid (1563-1584).

Las capillas musicales

Eran instituciones formadas por el conjunto de cantores e instrumentistas que trabajaban en las grandes iglesias, catedrales o cortes europeas. Las mujeres tenían vetado el acceso a las capillas musicales.

Las capillas estaban dirigidas por un maestro de capilla, que normalmente era un músico reconocido.

El oficio de maestro de capilla era muy codiciado, y para lograr ese puesto, los candidatos debían pasar varias pruebas de composición y de dirección.

Comprende, piensa, aplica...

2 Con la información que ahora tienes sobre la música en el Renacimiento, realiza un mapa visual con los contenidos. Para ello, puedes ayudarte de este organizador gráfico. Pon en común los resultados.

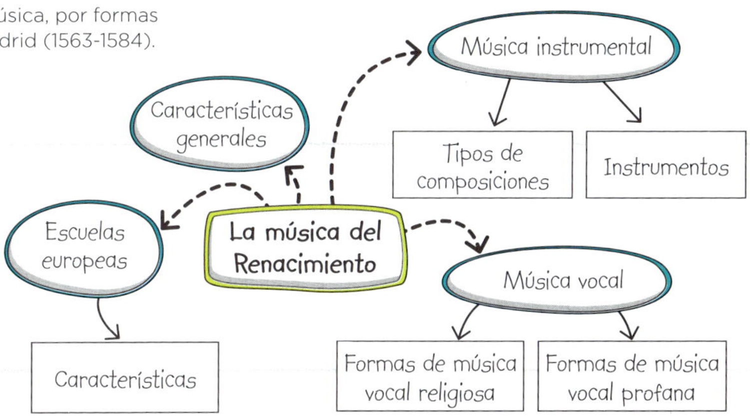

TALLER DE INSTRUMENTOS

La voz

Nos situamos

La voz es el instrumento musical más antiguo y, posiblemente, el más utilizado. Todos los pueblos del planeta tienen su particular estilo y técnica de cantar, y sus timbres característicos.

La voz es el sonido que se produce cuando el aire, controlado principalmente por el diafragma, hace vibrar las cuerdas vocales situadas en la laringe. El sonido se amplifica al pasar por los resonadores (faringe, cavidad bucal y fosas nasales).

Tipos de voces

Cada persona tiene un registro de voz, una **tesitura,** que es el número de notas que puede cantar de la más grave a la más aguda, de manera cómoda. Las voces se clasifican en seis grupos según su tesitura, tres de la voz masculina y tres de la femenina:

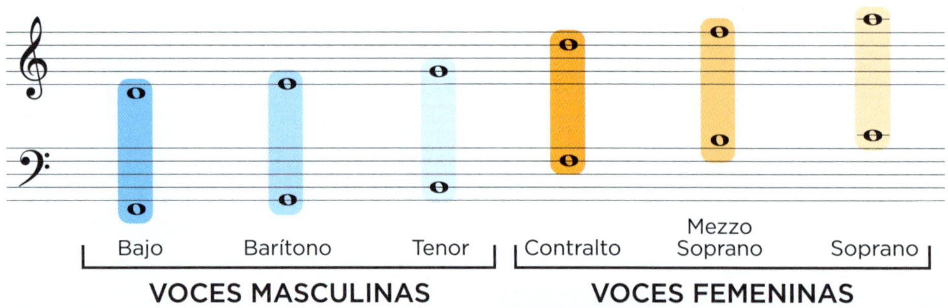

Escucha ▶ En la clase

1. Escucha varios ejemplos de voces y comenta con tus compañeras y compañeros las diferencias sonoras que encuentras.
2. Averigua la tesitura de tu voz con la ayuda de un teclado. Comienza con la nota más grave que seas capaz de entonar y asciende hasta la más aguda que puedas sin forzar la voz.

Prepárate para la Sala de ensayo...

Elementos de la música	Ritmo, melodía, armonía
Timbre	Voz
Altura	Escala pentatónica
Duración	Puntillo, ligadura Figuras: 𝅗𝅥. ♩. ♪
Articulación	Picado, tenuto, ligado
Compás	Ternario $\frac{3}{4}$
Lectoescritura	Clave de fa: 𝄢 Líneas adicionales Signos de repetición: D.C. al Fine

En el banco de recursos de anayaeducacion.es, dispones de los audios para realizar estas actividades.

SALA DE ENSAYO

Para improvisar en estilos como el blues, el jazz, el rock o el pop, se utiliza la **escala pentatónica.**

Con figuras y con notas

1 Escucha la escala pentatónica de do cantada por una voz con diferentes tipos de **articulación.** Después, reprodúcela con tu voz, prestando atención a la afinación y a la articulación en cada caso.

Ligado

Uniendo las notas sin interrupción.

Picado

Restando la mitad del valor a las notas.

Tenuto

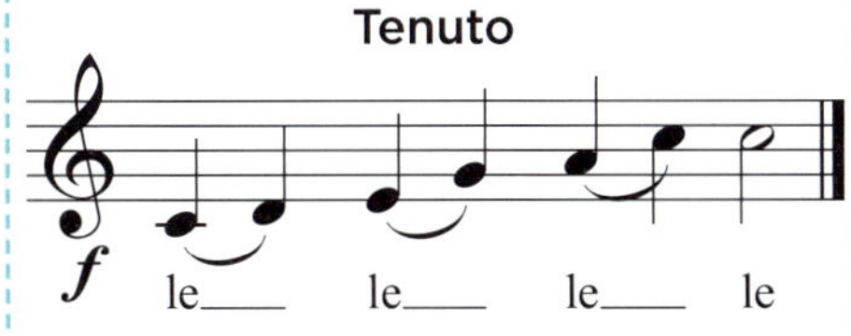

Separando ligeramente una nota de otra.

2 Observa los **intervalos** (distancia entre cada dos notas) de la escala pentatónica de do.

Escribe las escalas pentatónicas de fa y sol con los mismos intervalos. Cántalas después.

3 Observa la partitura. En ella vas a encontrar dos tipos de ligaduras: la **ligadura de expresión,** que une notas de diferente altura e indica que se han de interpretar ligando unas con otras; la **ligadura de prolongación,** que une dos notas de la misma altura y suma la duración de ambas.

Entona la siguiente melodía pentatónica y cántala sobre una rítmica, poniendo atención al tipo de compás y a las ligaduras.

Recuerda

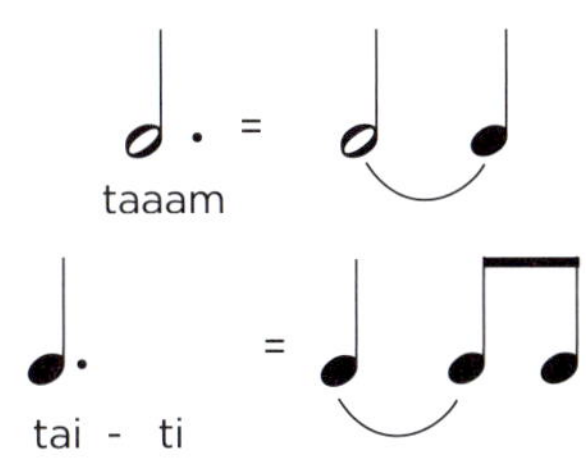

Improvisa y crea con... la voz

4 Escucha el audio propuesto para esta actividad y responde en eco entonando lo que escuches con las notas do, re, mi, sol y la.

5 Vuelve a escucharla y responde creando motivos transformados.

6 Realiza la actividad anterior, improvisando la respuesta.

TALLER DE INTERPRETACIÓN

Música renacentista

Nos situamos

La partitura que vas a interpretar pertenece a la canción *Que no me los ame nadie,* que era un tema muy popular del siglo xv.

Prepara la interpretación

1 Escucha cómo, después de la introducción de percusión, se toca la partitura una vez con instrumentos, dos veces cantada y una cuarta instrumental con improvisación. Se interpreta a tres voces que podéis duplicar con instrumentos melódicos para reforzar lo que se canta, y usar otros de percusión para acompañar el ritmo.

2 Otra posibilidad es que alguien toque varias voces a la vez sobre un teclado o una guitarra. Incluso en este último caso, otra persona puede cantar una de las voces.

3 Improvisad en la última sección con un instrumento de láminas o con la flauta, por turnos, utilizando las notas la, si, re y mi. El resto del grupo os acompañará interpretando la partitura instrumentalmente.

4 Pon atención al cambio de dinámicas de las partes cantadas, la primera vez se interpreta ***f***, y la segunda, ***mf***. Ya sabes que la ligadura de expresión que une cada frase indica que no debes respirar hasta que se acabe. Recuerda también las notas sobre líneas adicionales:

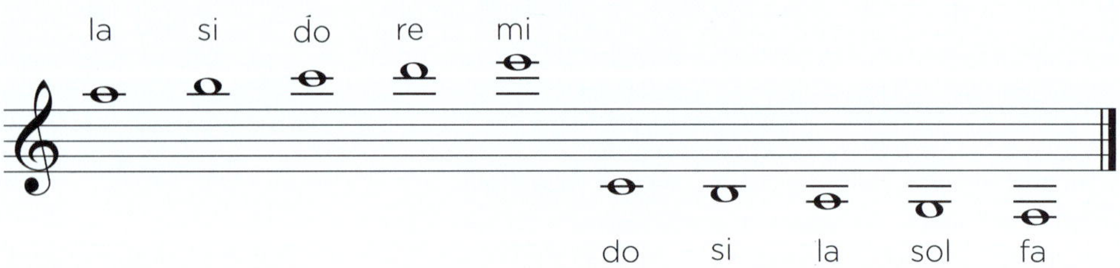

Escucha y practica la partitura en el banco de recursos en anayaeducacion.es.

Escucha ▶ En la clase

Que no los ame nadie, popular / Carlos G. Cuéllar — A (instrum.) A (voces) A (voces) A (improvisación)

Escucha, aprende e interpreta.

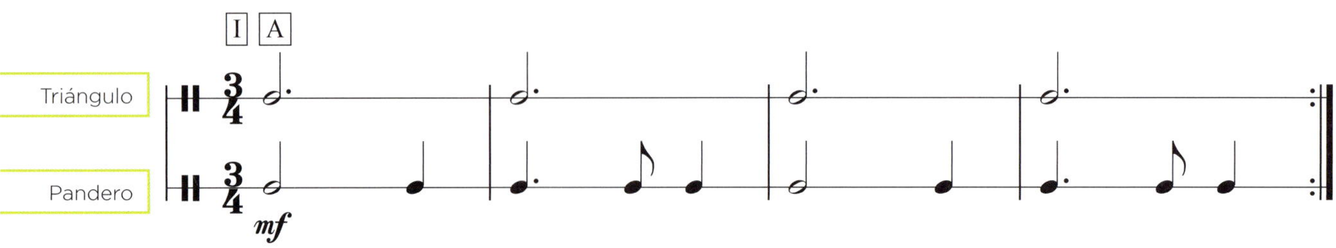

♩ = 200
A
Voz
Flauta
Voz
Voz
Xil. bajo
Que no me los a - me na - die a los
f (mf)
mis a - mo - res, eh! Que no me los
a - me na - die, que yo me los a - ma - ré.
Fine
D.C.a Fine

En clave musical

HOY TOCA... LA VOZ

Observa las imágenes de estos coros y contesta a las cuestiones:

1 ¿Con qué tipo de coro relacionarías cada imagen?

2 ¿Qué tesituras crees que pueden tener las voces que componen las diferentes agrupaciones? ¿Qué agrupación tiene unas voces con la tesitura más aguda? ¿Y con la más grave?

1. Coro femenino
2. Coro masculino
3. Coro mixto
4. Coro de voces blancas

a

b

c

d

MUNDO DIGITAL

LA TOMA DE SONIDO

El proceso de grabación y edición del sonido comienza con la toma de sonido por medio de un micrófono. Este recoge, con enorme sensibilidad, las vibraciones del sonido y las transforma en una señal eléctrica.

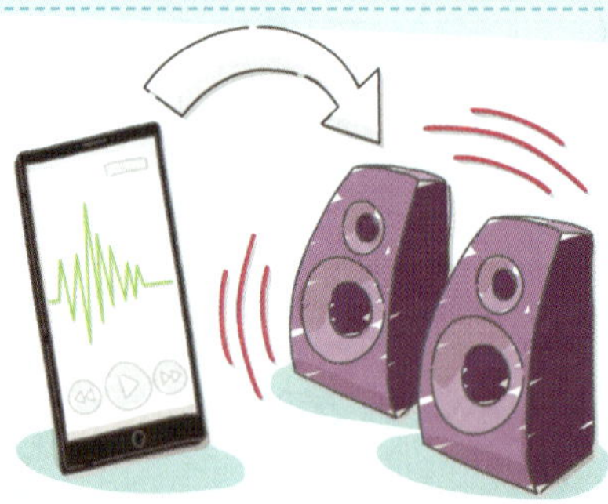

Esa señal eléctrica puede ser conducida, por ejemplo, a un sistema de amplificación para ser escuchada a través de unos altavoces.

O puede ser grabada en un ordenador para realizar una edición, es decir, para poder introducir diversas modificaciones: añadir efectos, mezclarla con otros instrumentos, etc.

Recuerda seleccionar el material de trabajo de esta unidad para tu **portfolio.**

TRABAJA CON LO APRENDIDO

Comprueba

1 Explica la diferencia en el uso de los instrumentos en la Edad Media y en el Renacimiento.

2 Cita varios tipos de música instrumental de esta época.

3 Explica cuáles son la diferencia y la similitud fundamentales entre un motete y un madrigal.

4 ¿Qué es un coral luterano?

5 Busca información en Internet sobre la Contrarreforma y razona por qué tuvo tanta repercusión en la música religiosa de la época.

6 Cita los principales compositores de la escuela italiana en Roma y en Venecia.

7 Escribe las características de la música española del Renacimiento y el nombre de un compositor español destacado de esta época.

Practica

8 Teniendo en cuenta que la ligadura de prolongación suma las duraciones de las figuras, escribe el siguiente pasaje empleando otras figuras distintas. Después, cántalo, poniendo atención a la escala pentatónica.

Experimenta y crea

9 Escribe en tu cuaderno una melodía con la escala pentatónica utilizando varias veces la combinación de figuras, negra con puntillo-corchea. Después, cántala.

Investiga

10 ¿Qué gran artista del Renacimiento pintó los frescos de la Capilla Sixtina? ¿Qué compositores vivieron en la misma época que ese pintor? ¿Los has estudiado en esta unidad y has escuchado música de alguno?

11 Además de una comida, una ensalada tiene otra acepción relacionada con la música. Investiga en Internet qué es una ensalada musical y por qué recibe ese nombre tan gastronómico.

12 Maddalena Casaulana (1544-1590), además de como compositora e intérprete de laúd, ha pasado a la historia de la música por un hecho muy destacado. Busca información sobre ella en la web de recursos de anayaeducacion.es, y averígualo.

3

ADORNO Y CEREMONIA

Determinados acontecimientos sociales suelen ir acompañados de una ceremonia fastuosa con una puesta en escena de luces, adornos, colorido y música cuidadosamente seleccionada, como sucede en las celebraciones de fin de año en numerosas ciudades del mundo.

Esto ya sucedía durante la época barroca, en la que no había acontecimiento social en el que la música, los adornos y los efectos no estuvieran presentes.

Prepárate para...

- **Conocer** las características de la música barroca.
- **Aprender** cuáles fueron las formas vocales e instrumentales.
- **Conocer** los principales compositores y compositoras de la música barroca.
- **Practicar, improvisar y crear** con el lenguaje musical.
- **Interpretar** en grupo una melodía barroca.
- **Descubrir** los instrumentos de viento.

REFLEXIONA Y DEBATE

1 ¿Puedes citar algún acontecimiento que te haya parecido espectacular? ¿Quién crees que podría permitirse hace cuatro siglos tener a su servicio un músico compositor con un grupo de intérpretes a su cargo?

2 ¿Qué familia de instrumentos crees tú que sería la más apropiada para anunciar con música el inicio de un gran acontecimiento al aire libre?

3 ODS ¿Crees que todos los países están en condiciones de organizar y participar en grandes eventos como una Olimpiada?

ODS **anayaeducacion.es** Consulta el vídeo de la **Meta 10.3.**

¿Nos situamos en el tiempo?

Prehistoria | Edad Antigua | Edad Media | Renacimiento | **Barroco** | Clasicismo | Romanticismo | Siglo xx

Cervantes escribe «El Quijote» (1605)

Nace Isaac Newton (1642)

Muere J. S. Bach (1750)

LA MÚSICA EN EL BARROCO

1 La música al servicio del poder

El Barroco es un período artístico que se desarrolló durante los siglos XVII y primera mitad del XVIII.

Durante esta época, el poder continúa estando en manos de la monarquía, de la aristocracia y de la Iglesia, que se convierten en mecenas de los mejores compositores. Entre los motivos de dicho mecenazgo, por un lado está el gusto de los mecenas por la cultura y todo lo que ella representa, y por otro, la utilización de la música para causar impacto y dejar patente su autoridad y su poder.

El barroco musical

El Barroco fue la edad de oro de la música. En las cortes de Europa, la música se convierte en protagonista de los grandes acontecimientos sociales. Se abandona el estilo internacional del Renacimiento, y cada país adquiere su propia identidad musical.

LA MÚSICA BARROCA — Características principales:

- Técnica del bajo continuo → Utilización de una línea de bajo sobre la que se interpretan los acordes.
- Melodía acompañada → La voz o el instrumento realiza la melodía principal, y los demás, el acompañamiento.
- Uso de contrastes → Contrastes en todos los elementos de la música: ritmo, tempo, melodía....

La música durante la época barroca adquiere un papel destacado dentro de los ambientes cortesanos europeos.

2 La música instrumental barroca

La música instrumental experimentó un gran avance alcanzando la total independencia de la vocal. Su desarrollo fue debido a la evolución técnica de los instrumentos y al nacimiento de la orquesta barroca.

Las formas instrumentales más importantes del Barroco son la **suite,** la **sonata** y el **concierto** (con dos tipos: el concierto solista, en el que el solo lo interpreta un instrumento; y concerto grosso, cuando los solistas son más de uno).

FORMAS INSTRUMENTALES	Estructura	Instrumentos
Suite	Varias danzas de diferente ritmo y carácter pero misma tonalidad.	Para instrumento solista o para la orquesta completa.
Sonata	Cuatro movimientos: lento-rápido-lento-rápido.	Para uno o varios instrumentos solistas y orquesta, y bajo continuo.
Concierto	Tres movimientos: rápido-lento-rápido.	Para uno o varios instrumentos solistas y orquesta.

Instrumentos del Barroco

La orquesta barroca estaba constituida básicamente por instrumentos de cuerda frotada y por instrumentos utilizados para realizar el bajo continuo, entre los que destacaba el clave. Además, en función de cada composición, se incluían instrumentos de viento madera, de viento metal y de percusión.

El órgano vivió su época de esplendor, ya que sus características le hacen especialmente indicado para la música polifónica.

Por otro lado, se mantuvieron instrumentos del período anterior, como la flauta de pico, el arpa, el laúd o el clave. Y surgieron otros de gran importancia, como los violines, la guitarra, el oboe, el fagot o los timbales.

Escucha En la clase

«Segundo movimiento, Allegro», del *Concierto para oboe y orquesta en sol menor n.º 3,* de Georg F. Händel.
Sonata piano forte, de Giovanni Gabrieli.

1 Escucha e identifica la forma musical de cada fragmento.

2 Indica en cuál de las dos audiciones aparece un instrumento solista y clasifica si es de cuerda, viento o percusión.

3 Fíjate en la segunda audición, en los contrastes de intensidad que se producen entre los dos grupos instrumentales que intervienen. Indica a qué familia pertenecen los instrumentos que lo forman.

4 Investiga cuáles son las diferencias entre el piano forte y el piano, y explícalas de forma oral al resto de la clase.

El violín

El violín se convirtió en el instrumento de cuerda más importante del Barroco, debido a su sonido brillante y a sus efectos expresivos.

Durante esta época, constructores de instrumentos italianos, los grandes lutieres, como Stradivarius, Amati y Guarnieri, construyeron violines cuya calidad sonora no ha sido nunca superada.

Los violines construidos por el gran lutier Antonio Stradivari (1644-1737) son muy valorados por la singularidad de su sonido.

3 La música vocal profana

La música vocal profana tiene mucha relevancia en el Barroco y sirve fundamentalmente a la monarquía. A través de ella, los monarcas dejan patente su poder.

De la unión del teatro, de la literatura y de la música nació la **ópera,** una forma musical de trascendencia internacional. Surgió en Italia a comienzos del siglo XVII.

ÓPERA
Obra dramática y musical en la que intervienen el canto, la danza y los instrumentos.

- **Obertura** → Parte instrumental que sirve de introducción.
- **Partes cantadas** → Interpretadas por solistas y coros. Pueden ser arias y recitativos.
- **Interludios** → Partes instrumentales que unen las partes de la ópera.

El compositor más representativo de la ópera barroca italiana del siglo XVII es Claudio **Monteverdi** (1567-1643). Sus obras más importantes son *La favola d'Orfeo* y la *Coronación de Popea*, las dos inspiradas en la mitología griega.

Dentro de los compositores barrocos que crearon óperas también destacaron Henry **Purcell** y Georg Friedrich **Händel.**

Escucha En la clase

«En questo lieto e Fortunato giorno», *Orfeo,* de Claudio Monteverdi.

1 **Sumamos.** Escucha atentamente y contesta en tu cuaderno: ¿tiene este fragmento acompañamiento instrumental? ¿Reconoces si el cantante es tenor, barítono o bajo? Comparte después tus respuestas con el resto de la clase.

La Camerata Florentina

La Camerata Forentina era un grupo de intelectuales nobles y artistas que se reunían para discutir sobre temas relacionados con la literatura, la música y el arte.

En esas reuniones descubrieron que las representaciones teatrales de la antigua Grecia eran cantadas y decidieron imitarlas: eligieron un tema mitológico, escribieron el texto y compusieron una música. Surgió así la ópera.

La obra *Eurídice*, de Jacobo Peri, estrenada en Florencia en 1600, se considera la primera ópera.

4 La música vocal religiosa

La música religiosa sigue teniendo gran importancia durante el Barroco. Es utilizada por la Iglesia no solo para las celebraciones litúrgicas, sino también como medio para influir emocionalmente en los fieles y para manifestar su poder económico.

La Iglesia protestante sigue manteniendo la coral como forma más representativa. La Iglesia católica también conserva formas del Renacimiento ya asentadas, como la misa o el motete, pero se crean otras nuevas como el oratorio y la cantata.

El oratorio

Es una forma musical vocal de carácter narrativo basada en textos bíblicos, sin representación escénica. Estructuralmente, el oratorio es similar a una ópera, pero se diferencia en que en el oratorio los personajes no actúan, solo cantan.

El primer gran compositor de oratorios es Giacomo **Carissimi,** cuya obra más importante es *Jepthe;* también destaca Georg Friedrich **Händel,** cuyo oratorio más famoso es *El Mesías.*

Una variante del oratorio es la **pasión.** Se trata de una cantata cuya temática está exclusivamente relacionada con la pasión y muerte de Jesucristo.

El compositor más destacado es Johann Sebastian **Bach.**

La cantata

Es una forma musical vocal basada en un texto religioso o profano, de carácter lírico, en la que intervienen solos, orquesta y coros. No narra ninguna historia, a diferencia del oratorio o de la pasión.

Entre los compositores más destacados de cantatas se encuentran George Philipp **Telemann** y Johann Sebastian **Bach.** Este último compuso más de trescientas cantatas.

Escucha En la clase

Coral «Befiehl du deine Wege», del oratorio *La Pasión según San Mateo,* de Johann Sebastian Bach.

Esta cantata fue compuesta en 1727 y en ella se narran el sufrimiento y la muerte de Cristo. Con una duración de más de dos horas y media es la obra más extensa de Bach.

1 Escucha con atención e identifica auditivamente cada una de las secciones del coral con la ayuda del musicograma. Indica si la segunda sección es A, B o C.

A	??	B	C
0:00-0:15	0:16-0:32	0:33-0:49	0:50-1:12

2 Identifica, si el coral está interpretado por un coro mixto o por un trío de cantantes.

3 Indica la familia de instrumentos que destaca en el acompañamiento instrumental del coral.

Comprende, piensa, aplica...

1 **El espejo.** Indica cuáles son las diferencias entre la ópera y la cantata, y cuáles son sus similitudes. Copia el siguiente organizador gráfico en tu cuaderno para realizar la actividad.

ÓPERA		CANTATA
Diferencias	Similitudes	Diferencias

5 Compositores de música barroca

Durante el Barroco desarrollaron su obra compositores que tuvieron trascendencia internacional como Bach, Händel y Vivaldi. Sus composiciones se integran, en la actualidad, en el repertorio de magníficas orquestas.

Johann Sebastian Bach (1685-1750)

JOHANN SEBASTIAN BACH

Es considerado la gran figura del Barroco. Compositor y organista alemán, creó obras tanto de música instrumental (sonatas, suites, conciertos...) como vocal (misas, cantatas, motetes, corales...).

Bach trabajó como músico de corte, donde compuso grandes obras como los *Conciertos de Brandenburgo* y las suites orquestales.

También fue cantor, organista y compositor de la iglesia de Santo Tomás (Leipzig). Su principal cometido era componer música para cada domingo o fiesta religiosa. Compuso cantatas (más de trescientas) y pasiones como *La Pasión según San Mateo.*

Escucha En la clase

Tocata en re menor, BWV 565, de Johann Sebastian Bach.

La tocata es una forma barroca pensada para ser interpretada por un instrumento de teclado.

1 En este fragmento vas a apreciar cómo se alternan sonoridades de notas rápidas con acordes lentos y sostenidos. Indica si estos contrastes se producen de forma gradual o repentina.

2 Indica cuál es el instrumento que interpreta la tocata.

Georg Friedrich Händel (1685-1759)

GEORG FRIEDRICH HÄNDEL

Compositor de origen alemán, aunque desarrolló la mayor parte de su carrera en Inglaterra, donde alcanzó gran prestigio.

Trabajó para la corte británica, componiendo obras que contribuyeron a dar solemnidad a los actos presididos por el rey. Destacan sus composiciones operísticas, suites y conciertos.

Escucha En la clase

«Segundo movimiento Alla Hornpipe», de la *suite n.º 2 en re mayor, Música acuática,* de Georg F. Händel.

Esta obra fue encargada por el rey inglés Jorge I, para una celebración que iba a tener lugar sobre el río Támesis, en Londres. El concierto fue interpretado por cincuenta músicos que acompañaron al rey en su barcaza.

1 Redacta en tu cuaderno una historia breve que esté inspirada en esta obra, pero adaptada a la sociedad del siglo XXI. Inventa tus personajes y compártela con el resto de tu grupo.

2 Escribe el nombre de algún instrumento de la orquesta barroca que reconozcas en la audición.

Antonio Vivaldi (1678-1741)

Compositor italiano, violinista y maestro. Nació en Venecia (Italia). Estudió música con su padre, que era un famoso violinista y de él aprendió el manejo del violín.

Vivaldi destacó como compositor de música instrumental. Compuso más de quinientos conciertos para instrumentos solistas. En ellos se ejemplifica claramente el uso del contraste huyendo de la monotonía.

Tuvo gran influencia en compositores de la época y de otras posteriores porque estableció la estructura del concierto en tres partes o movimientos de carácter y tempo diferenciados.

Fue célebre, sobre todo, por sus cuatro conciertos para violín y orquesta reunidos bajo el título *Las cuatro estaciones*. Esta obra es uno de los ejemplos más conocidos de concierto para solista. En esta obra, Vivaldi trata de retratar con música paisajes característicos de las distintas estaciones del año.

ANTONIO VIVALDI

Escucha En la clase

«Primer movimiento, concierto para violín y orquesta de cuerda», El invierno, *Las cuatro estaciones,* de Antonio Vivaldi.

1 Escucha atentamente la audición y sigue la estructura formal por secciones y subsecciones.

A: (a: 0:00 - 0:36 y b: 0:37 - 1:08)

B: (c: 1:09 - 1:20 y d: 1:21 - 1:59)

C: (e: 2:00 - 2:15; f: 2:16 - 2:24 y g: 2:25 - 2:51)

B': (c': 2:52 - 3:21)

2 La música es capaz de describirnos escenas y suscitar emociones. Coloca en cada sección alguno de los siguientes comentarios, según lo que te sugiera la música:

a) Escalofrío invernal.

b) Niño corriendo sobre la nieve helada.

c) Dientes de niño rechinando de frío.

d) Fuertes ráfagas de viento.

Compositoras barrocas

Durante el Barroco, aunque fueron mucho menos conocidas, destacaron grandes compositoras como **Barbara Strozzi** (1619-1677).

Nació en Venecia (Italia). Fue además de compositora, cantante soprano e intérprete de laúd. Se la considera la mayor compositora de cantatas de todo el Barroco.

BARBARA STROZZI

Comprende, piensa, aplica...

2 **Análisis asociativo.** Con la información que ahora tienes sobre la música del Barroco, realiza un mapa visual con los contenidos aprendidos. Para ello, puedes ayudarte del organizador gráfico de la derecha.

3 Una vez realizada la actividad anterior, comparte los resultados con el resto de la clase.

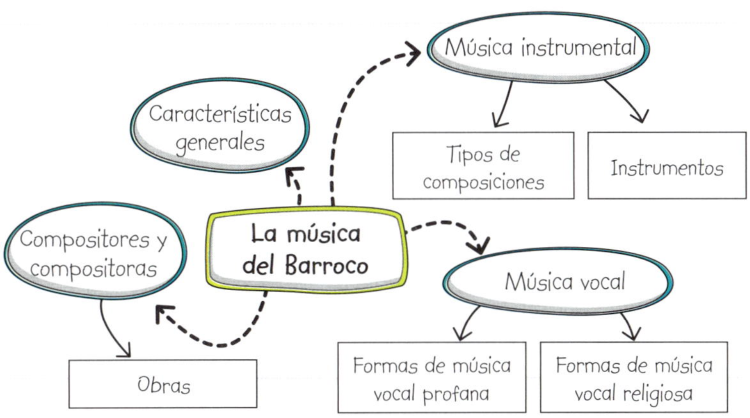

TALLER DE INSTRUMENTOS

Instrumentos de viento

Nos situamos

El origen de los instrumentos de viento se remonta a tiempos muy antiguos. El ser humano primitivo descubrió que mediante el empleo de materiales naturales —como barro, cañas, huesos, cuernos, caracolas, etc.— podía producir sonidos.

Elementos y funcionamiento

En los instrumentos de viento, el sonido se produce por la vibración de una columna de aire en el interior de un tubo de madera o de metal. Estos instrumentos constan de un resonador (generalmente un tubo) con un elemento acoplado que obstaculiza el paso del aire. Este elemento puede ser una boquilla, como en la flauta dulce; una lengüeta, como en el oboe, el clarinete...; o los labios, como en la trompeta o el trombón.

Actualmente, según el material con el que están fabricados, los instrumentos de viento se clasifican en dos grupos o familias: de **viento madera** y de **viento metal.**

Otros instrumentos de viento están compuestos por unas bolsas que almacenan el aire antes de salir por los tubos. Es el caso de las gaitas de fuelle.

Escucha ▶ En la clase

1 Escucha cómo suenan algunos instrumentos de la familia de viento madera y de viento metal.

2 Comenta con tus compañeros y compañeras las diferencias sonoras que encuentras.

Prepárate para la Sala de ensayo...

Elementos de la música	Ritmo, melodía, armonía
Timbre	Vientos
Tempo	Accel. Rit. 𝄐 Términos
Duración	Grupos de figuras: 𝄾♬
Lectoescritura	Signos de repetición: D.C. al Fine

En el banco de recursos de anayaeducacion.es, dispones de los audios para realizar estas actividades.

SALA DE ENSAYO

El ritmo de silencio de corchea y dos semicorcheas requiere una interpretación muy atenta para no perder el pulso. Puedes practicarlo cantando interiormente las dos primeras semicorcheas del pulso.

Recuerda

Con figuras y con notas

1 Marca los pulsos de los siguientes ritmos con percusión corporal. En lugar de sílabas rítmicas, pronuncia los números del 1 al 4 como si fueran semicorcheas. El número 4 sustitúyelo por la letra y.

2 Escucha cada ritmo y responde con sílabas rítmicas. Después, escríbelo en tu cuaderno.

3 Interpreta con la flauta el siguiente fragmento escrito con las notas que conoces. Recuerda antes la posición de si bemol. Puedes tocarlo acompañándote con una base rítmica.

LENTOS
Largo, lento o grave, adagio

MEDIOS
Andante, moderato

RÁPIDOS
Allegro, presto, vivo, vivace

4 Recuerda que la velocidad, o **tempo,** de la música se puede expresar mediante un dato numérico (pulsos por minuto) o mediante una palabra (andante, presto...). Pero si queremos un incremento o disminución gradual del tempo, se usan los términos accelerando **(accel.)** y ritardando **(rit.),** respectivamente.

Cuando el compositor quiere mantener una nota, parando el pulso momentáneamente, escribe el calderón 𝄐 sobre dicha nota.

Practica estos términos y signos de tempo interpretando el siguiente fragmento con la flauta:

Improvisa y crea con... la flauta

5 Escucha el audio propuesto para esta actividad y responde tocando exactamente lo que escuches, primero con las notas sol y la y, después, con mi, sol y la.

6 Vuelve a escucharlo y responde creando **motivos** transformados, improvisando con las notas re, mi, sol, la y si.

TALLER DE INTERPRETACIÓN

Música barroca

Nos situamos

La obra que vas a escuchar es el «Minueto I», de la *Música para los reales fuegos artificiales*. Esta obra es una composición orquestal encargada por el rey Jorge II de Gran Bretaña al compositor alemán Georg F. Händel, para acompañar un espectáculo con fuegos artificiales con el que se celebraba en Londres el final de la guerra de Sucesión austriaca.

Recuerda que el minueto es una danza barroca que, a menudo, se incluye en grandes obras acompañada de otras danzas y piezas instrumentales.

Prepara la interpretación

1 Escucha la audición poniendo atención a la **forma.** Comprobarás que se compone de dos secciones dobles que se interpretan dos veces: A A B B A A B B.

2 Reconocerás que el minueto está creado en **compás** de ¾ y que su **tempo** es medio (antiguamente, esta danza era de tempo rápido).

3 Observa en la partitura los signos de repetición (D.C. al Fine); los matices (***p***, ***mp*** y ***f***); las agrupaciones de figuras que ya conoces, como:

4 Antes de comenzar, cambiad la lámina si por la de si bemol, en los instrumentos de láminas.

Comprende, piensa, investiga...

4 En el banco de recursos de www.anayaeducacion.es encontrarás información sobre esta obra y cómo fue su estreno en Londres. Imagina que trabajas como periodista en aquella época. Haz una crónica para un periódico narrando el día del estreno.

5 ¿Te gustaría dedicarte al periodismo musical? Investiga qué debes estudiar para llegar a ser periodista o crítico musical.

En Londres, en 1749, se celebró un fastuoso espectáculo de música y fuegos artificiales para conmemorar el fin de la guerra de Sucesión austriaca.

Escucha y practica la partitura en el banco de recursos en anayaeducacion.es.

Escucha ▶ En la clase

«Minueto I», *Música para los reales fuegos artificiales*, G.F. Händel, Eva F. Gancedo. A A B B A A B B

Escucha, aprende e interpreta.

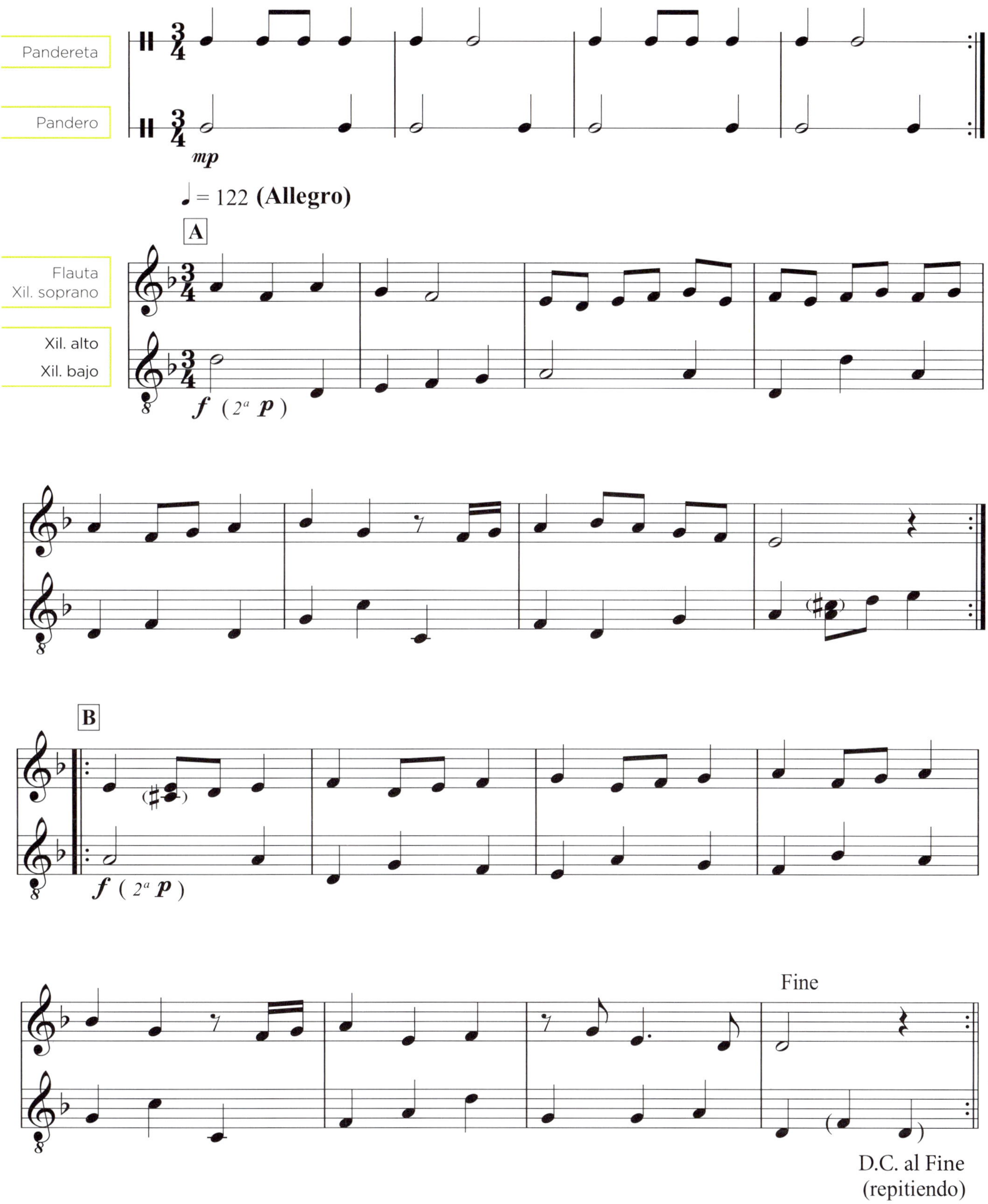

En clave musical

HOY TOCA... EL VIENTO

1 Observa los siguientes instrumentos de viento. Asigna el nombre que corresponda a cada una de las imágenes.

2 Organiza los instrumentos según la familia a la que correspondan: viento-metal o viento-madera.

1. Trompeta	5. Clarinete
2. Trombón	6. Oboe
3. Trompa	7. Fagot
4 Saxofón	8. Flauta

MUNDO DIGITAL

LA GRABACIÓN POR PISTAS

Desde los inicios más remotos de la música hasta hace unos cien años, la única forma de escuchar música era en directo. Una vez inventado el soporte para grabar el audio, los intérpretes tenían que asistir todos al estudio de grabación y tocar juntos la obra. Se realizaban varias grabaciones y se seleccionaba la mejor para el disco.

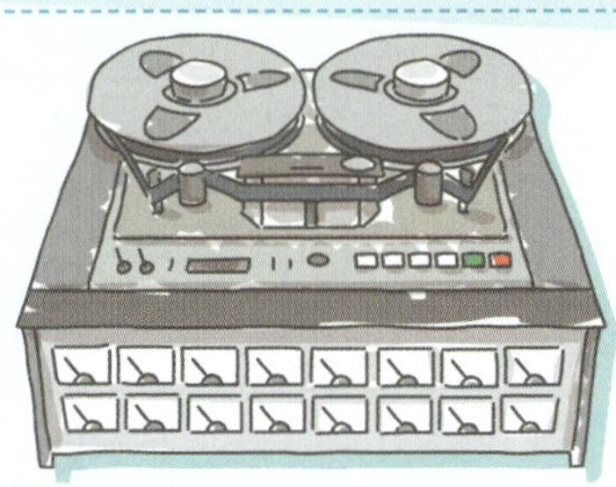

En los años 60 del siglo pasado se creó un sistema de grabación denominado «multipistas». Este sistema permitió la grabación de cada intérprete por separado.

Se suele comenzar con la grabación de la batería; después, la del bajo. Y así, se van incorporando los músicos que escuchan siempre la grabación de los anteriores.

Las grabaciones multipistas se editan en el ordenador con un sistema informático adecuado, que permite hacer los arreglos necesarios antes de la mezcla final.

Recuerda seleccionar el material de trabajo de esta unidad para tu **portfolio.**

TRABAJA CON LO APRENDIDO

Comprueba

1 Indica qué es la melodía acompañada.

2 Explica qué es la ópera y describe cada una de sus partes.

3 Indica a qué compositor pertenece el fragmento de ópera que has escuchado en la unidad y cita otros compositores barrocos de ópera de los que has estudiado.

4 Indica qué función desempeña el clave dentro de las formaciones orquestales barrocas.

5 Explica por qué el órgano es un instrumento de viento, aunque tenga teclado.

6 Escribe en tu cuaderno algunos términos de tempo. ¿Puede haber variaciones en el tempo? ¿Cuáles son?

Practica

7 Interpreta con percusión el fragmento rítmico siguiente. Presta atención a las corcheas y semicorcheas a contratiempo.

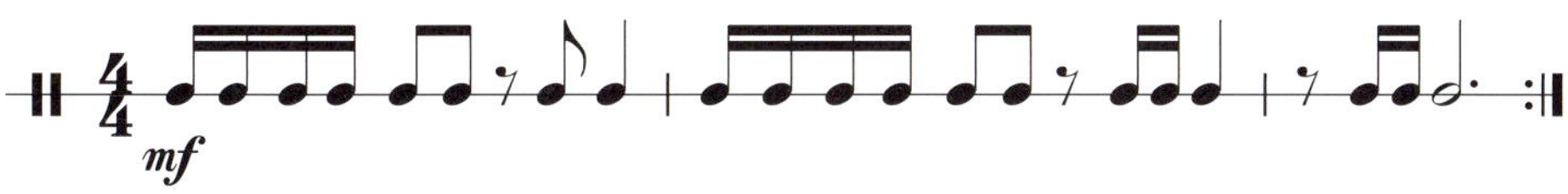

8 Delimita las frases musicales con la ligadura de expresión correspondiente. Después, interprétala con tu flauta. Observa en qué lugares puedes respirar y en cuáles no, para que las frases se escuchen con claridad.

Experimenta y crea

9 Escribe con notas los siguientes dibujos melódicos. Después, tócalos con la flauta.

Investiga

10 Busca información en Internet sobre el sacabuche barroco y el trombón actual. Compara ambos instrumentos y elabora una redacción que recoja sus diferencias y similitudes.

11 España destacó en el Barroco por su música para órgano y guitarra. Investiga en la red qué músicos compusieron obras para dichos instrumentos e indica los nombres de los más destacados.

4

PARA TODOS LOS PÚBLICOS

Hay obras que han sido concebidas para ser de utilidad a las personas. Están diseñadas con la intención de que sean atractivas y, al mismo tiempo, accesibles a la mayoría. El mayor reto que tiene quien compone es cuidar la proporción para que dicha obra sea sencilla y, a la par, elegante y bella.

Quien consigue ese equilibrio obtiene la recompensa de ver que su creación llega al gran público, sea cual sea su posición social.

Prepárate para...

- **Conocer** las características de la música del clasicismo.
- **Aprender** cuáles fueron las formas vocales e instrumentales.
- **Conocer** los principales compositores y compositoras de la música clasicista.
- **Practicar, improvisar y crear** con el lenguaje musical.
- **Interpretar** en grupo una melodía del clasicismo.
- **Descubrir** los instrumentos de cuerda.

REFLEXIONA Y DEBATE

1 Se la ha llamado a la época del clasicismo «el Siglo de las Luces». ¿A qué luces se refiere?

2 ODS ¿Crees que la población estaría alfabetizada en su mayoría durante el siglo del clasicismo? Razona tu respuesta.

3 ¿Qué melodías te resultan más pegadizas y fáciles de tararear: las del Barroco o las del clasicismo? ¿Por qué?

ODS **anayaeducacion.es** Consulta el vídeo de la **Meta 4.1.**

Literatur
31-35

¿Nos situamos en el tiempo?

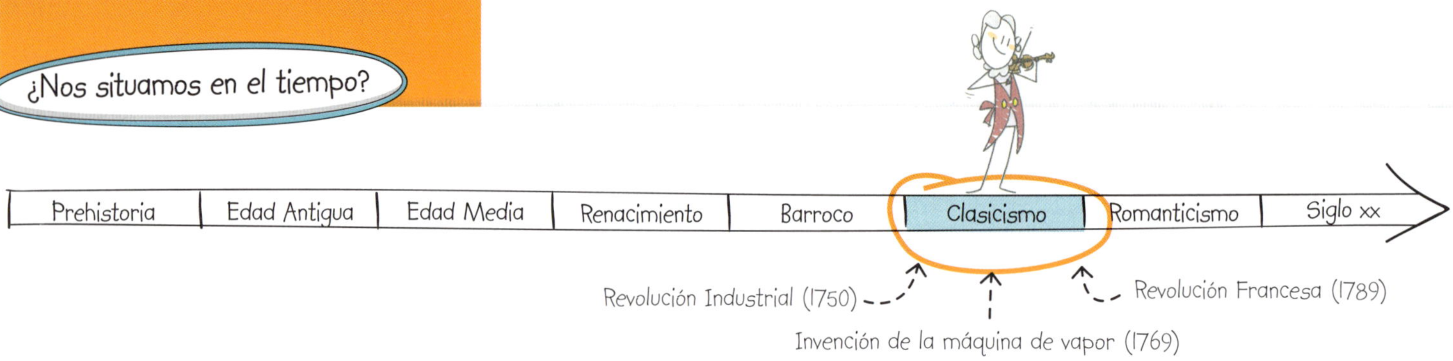

LA MÚSICA EN EL CLASICISMO

1 La edad de oro de la música

El clasicismo es el período artístico que abarca la segunda mitad del siglo XVIII y las primeras décadas del siglo XIX.

El siglo en el que se desarrolla el clasicismo se denomina «Siglo de las Luces» y en él surge la **Ilustración,** que fue un movimiento filosófico e intelectual basado en la idea de que la razón es la única herramienta para encontrar la verdad de las cosas. Este movimiento filosófico influye en los compositores de la época, que, a través de su música, logran plasmar las ideas ilustradas sobre el orden, la proporción, el equilibrio y la belleza.

El concierto público

A lo largo del siglo XVIII, la burguesía —compuesta por profesionales liberales, empresarios y comerciantes— fue adquiriendo un gran protagonismo. Los músicos encuentran en esta burguesía a un nuevo público que está preparado culturalmente para valorar sus composiciones.

El aumento de un público entendido tuvo como consecuencia la aparición del concierto público. La música se populariza y deja de ser para un colectivo minoritario, como la nobleza o la Iglesia.

Comprende, piensa, aplica...

1 Preguntas provocadoras. Observa la imagen y responde. ¿En dónde se desarrolla la escena? ¿Qué están haciendo los personajes? ¿A qué clase social crees que pertenecen? ¿Tenían todas las clases sociales el mismo acceso a la música?

Durante el clasicismo, los músicos siguen componiendo para la aristocracia, pero van a encontrar en la burguesía a un nuevo público.

2 Características de la música clásica

La música clásica está basada en la claridad, la sencillez y, sobre todo, el equilibrio de todos sus elementos.

Las composiciones ya no buscan representar emociones exageradas como en el Barroco. Por eso se evitan melodías recargadas y acompañamientos pesados.

Observa el siguiente esquema con las características principales de la música del clasicismo.

LA MÚSICA CLASICISTA — Características principales:

- Desaparición del bajo continuo → Utilización de acompañamientos de acordes repetidos, arpegios...
- Ritmo suave, regular y natural → Ritmo no tan marcado como en la música barroca.
- La melodía es la protagonista → Predominio de la simetría en las composiciones.
- Equilibrio en las composiciones → Ningún elemento musical destaca excesivamente.
- Nacimiento de la orquesta clásica → Nuevos instrumentos y mayor número de instrumentistas.

Escucha ▶ En la clase

«Primer movimiento allegro», *sonata para piano n.º 16 en do mayor,* de Wolfgang Amadeus Mozart.

1 Escucha atentamente y reconoce auditivamente la forma sonata. Ayúdate con la temporalización que aparece a continuación.

Exposición	Tema A (0:00 - 0:10) - Puente (0:11 - 0:24) Tema B (0:25 - 0:54) Repetición de la exposición (0:55 - 1:44)
Desarrollo	(1:45 - 2:08)
Reexposición	(2:09 - 3:12)

2 Observa el pentagrama del tema A. Cópialo en tu cuaderno y señala las semifrases que lo conforman.

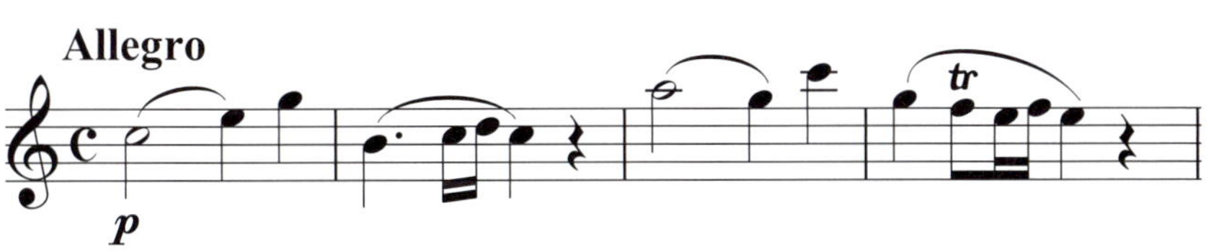

3 Indica el número de veces que aparece el tema A en el primer movimiento.

Partes de la forma sonata

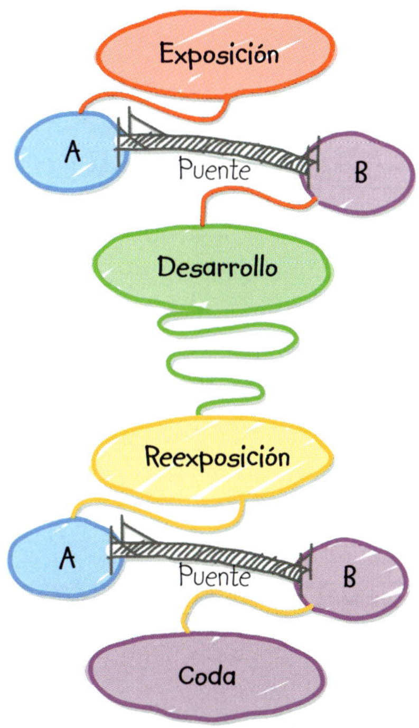

3 La música instrumental clasicista

Durante el clasicismo, la música instrumental sigue el proceso ya iniciado en el Barroco hacia su independencia de la música vocal.

Las composiciones instrumentales reflejan el espíritu de la Ilustración en cuanto a que buscan melodías más claras, equilibradas y menos ornamentadas que las que se componían en la época barroca.

Con respecto a los instrumentos, algunos caen en desuso, como el clavicémbalo, y otros cobran importancia, como la trompa o el clarinete. Pero el instrumento que irá cobrando fuerza es el piano.

Las formas más representativas de la música instrumental son la **sonata,** la **sinfonía** y el **concierto.** Observa sus principales características:

Está basada en la exposición de un tema, en su desarrollo y en su reexposición.

Los instrumentos más utilizados como solistas de concierto suelen ser el violín y el piano.

FORMAS DE LA MÚSICA INSTRUMENTAL		
Sonata	3 movimientos: rápido-lento-rápido	Uno o varios instrumentos solistas
Sinfonía	4 movimientos: rápido-lento-rápido-rápido	Toda la orquesta
Concierto	3 movimientos: rápido-lento-rápido	Orquesta e instrumento solista

Escucha En la clase

Sinfonía n.º 94 en sol mayor, La sorpresa, de Joseph Haydn.

1 Escucha atentamente e indica por qué se trata de una sinfonía y no de un concierto solista. Comparte y comprueba tu respuesta con las de los demás compañeros y compañeras.

2 1-2-4. ¿Por qué crees que esta sinfonía lleva el título de «sorpresa»? Relaciona dicho motivo con una de las cualidades del sonido.

La música de cámara

La denominación de «música de cámara» proviene de que era música para ser interpretada en pequeñas estancias 'cámaras'. Generalmente, era en salones privados de algún rey, noble o eclesiástico.

Hoy día, se entiende como la música interpretada por un grupo reducido de instrumentistas.

4 La música vocal clasicista

Dentro de la **música vocal profana** sigue destacando la ópera. Sin embargo, en el clasicismo surge un nuevo tipo de ópera con una temática más cercana al pueblo y una música más sencilla y entendible. Se trata de la **ópera bufa,** o cómica, que nació como oposición a la ópera seria —más aristocrática y menos popular—.

Christoph W. **Gluck** llevó a cabo una reforma en el ámbito operístico, dando mayor protagonismo a la orquesta y a los coros, y proponiendo melodías menos ornamentadas y, por tanto, más comprensibles para el público.

Wolfgang Amadeus **Mozart** estuvo influenciado por la reforma operística de Gluck. Compuso bajo diversos estilos: óperas alemanas (singspiel), como *La flauta mágica*; óperas serias italianas, como el *Idomeneo re di Creta;* y óperas cómicas italianas (bufas), como *Don Giovanni, Cosí fan tutte* o *Las bodas de Fígaro.*

En cuanto a la **música vocal religiosa,** se siguen cultivando formas creadas en el Barroco, como la misa y el oratorio. Adquiere importancia el réquiem (música para las misa de difuntos).

La ópera combinó de manera grandiosa la voz, la orquesta y los efectos especiales de aquel tiempo. En la imagen, una escena de la ópera *Las bodas de Fígaro,* de W. A. Mozart.

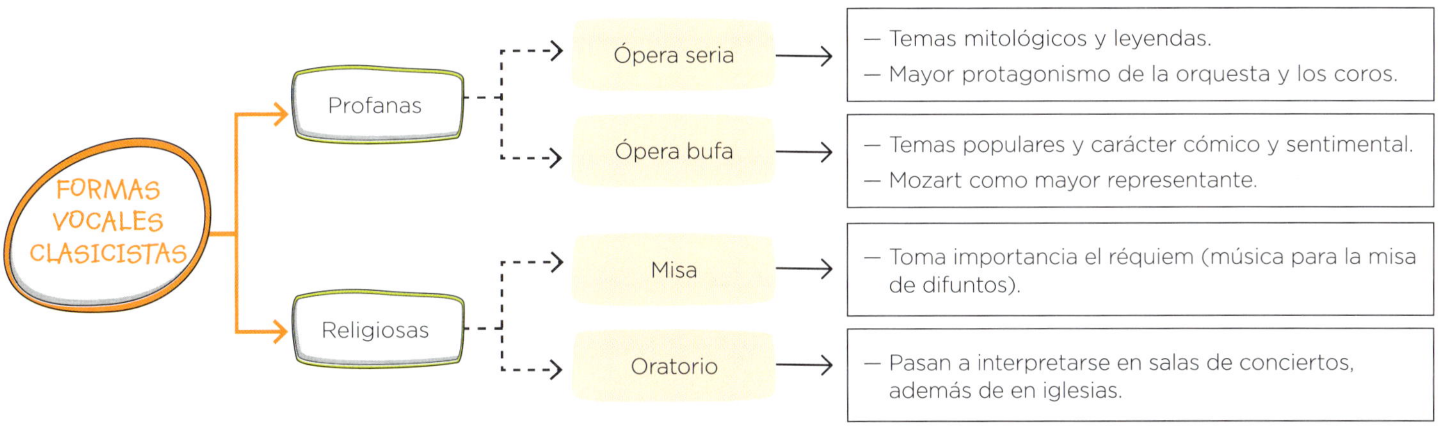

Escucha En la clase

«Che faró senza Euridice», *Orfeo y Eurídice,* de Christoph W. Gluck.

1 **Escucho, pienso, me pregunto.** Escucha atentamente el aria interpretada por una mezzosoprano, sigue la partitura y responde: ¿percibes una melodía sencilla u ornamentada? Justifica tu respuesta relacionándola con las características de la música clasicista.

2 Indica cuál es la familia de instrumentos de la orquesta que acompañan a la mezzosoprano en el aria.

3 Busca en el banco de recursos de anayaeducacion.es la información relacionada con Gluck y conoce algunos aspectos importantes de su vida y de sus obras.

5 Representantes del clasicismo musical

Durante el clasicismo, las personas dedicadas a la composición ganan prestigio y reconocimiento. Ahora son profesionales libres que trabajan por encargo, lo que les permite adquirir cierta libertad creativa y, en casos concretos, independizarse de los mecenas. Ganan prestigio y reconocimiento social.

Algunos de los principales personajes del clasicismo musical son los compositores Haydn, Mozart y Beethoven, y también las compositoras Maria Theresia von Paradis y María Anna Mozart.

Joseph Haydn (1732-1809)

JOSEPH HAYDN

Compositor y director de orquesta austriaco, Haydn es considerado el padre de la sinfonía, la sonata y el cuarteto de cuerdas. Aunque estas formas ya existían, él las consolidó y las desarrolló con éxito.

Entre su música instrumental destacan sus cuartetos de cuerda, como el *Cuarteto en do mayor* (Emperador); las sinfonías, como la *Sinfonía de los juguetes*, y sus sonatas; en el ámbito vocal compuso oratorios —como *La creación* y *Las estaciones*—, misas y óperas.

Escucha En la clase

«Poco adagio, cantabile», *Cuarteto en do mayor, Emperador,* de Joseph Haydn.

1 Escucha atentamente la audición y anota en tu cuaderno los instrumentos que forman parte de un cuarteto de cuerdas.

2 Indica si escuchas un tema principal que va variando o, por el contrario, diferentes temas musicales que no tienen relación entre sí.

Wolfgang Amadeus Mozart (1756-1791)

WOLFGANG AMADEUS MOZART

Compositor nacido en Salzburgo (Austria), es considerado uno de los grandes genios de la música occidental.

Su padre, Leopold, violinista y compositor, educó musicalmente a su hijo y a su hija Nannerl. Junto a él, recorrieron las cortes europeas dando conciertos, donde conocieron a los grandes compositores de la época. Pese a su corta vida, Mozart compuso una enorme cantidad de obras de todos los géneros y formas musicales: sinfonías, cuartetos, conciertos, óperas...

Entre sus obras más representativas destacan las óperas *La flauta mágica* y *Las bodas de Fígaro*; las sinfonías *n.º 39, n.º 40* y *n.º 41 Júpiter*; y la obra religiosa *Réquiem.*

Escucha En la clase

«Der Vogelfänger bin ich ja», *La flauta mágica,* de W. A. Mozart.

1 Escucha atentamente el aria y reconoce si el solista que interpreta la obra musical es un tenor o un barítono.

2 Identifica el instrumento que interpreta Papageno, protagonista de *La flauta mágica.* Anota en tu cuaderno si lo escuchas cuando canta el solista o únicamente en las partes instrumentales.

Ludwig van Beethoven (1770-1827)

Compositor y pianista alemán nacido en Bonn. Desde niño recibe formación en técnicas de piano, violín y órgano, y en su madurez logra su genialidad musical. A principios del siglo XIX empieza a perder audición, y con los años la sordera redujo su capacidad creadora.

Destacan sus composiciones vocales, como su ópera *Fidelio,* y sus composiciones instrumentales, especialmente sus nueve sinfonías. *La Novena* es, hoy día, el himno de la Unión Europea.

Beethoven empieza a componer dentro del clasicismo y hace evolucionar su música hasta el Romanticismo. Tuvo una enorme influencia en los compositores de la generación posterior.

LUDWIG VAN BEETHOVEN

Escucha En la clase

«Primer movimiento: Allegro con brio», Sinfonía n.º 5,
Ludwig van Beethoven.

1 Escucha atentamente la audición y fíjate en el motivo melódico de la sinfonía. Lo reconocerás en distintas partes del movimiento.

2 Aprecia la fuerza orquestal que transmite la sinfonía y el papel de las familias de instrumentos.

3 ¿Qué tipo de emociones te transmite esta obra? Comparte tu pensamiento con el resto del grupo.

Maria Anna Mozart (1751-1829)

Conocida también como «Nannerl» era la mayor de los cuatro hijos del matrimonio Mozart. Tenía tanto talento para la interpretación del piano y para la composición como su hermano Amadeus, pero su condición de mujer truncó cualquier posibilidad de alcanzar un reconocimiento a su talento. Aunque no se conserva ninguna obra suya se cree que algunas de las composiciones que tocaba su hermano las había compuesto ella.

MARIA ANNA MOZART

Maria Theresia von Paradis (1759-1824)

Nacida en Viena (Austria). Se quedó ciega a los tres años, pero se convirtió en una excelente pianista, cantante y compositora. Fundó en Viena una escuela de música para impartir clases para mujeres.

Compuso varias óperas como *Rinaldo Alcina, Ariadna* y *Baco,* conciertos para piano y orquesta y obras para cámara.

Comprende, piensa, aplica...

2 Con toda la información que ahora tienes sobre la música del clasicismo, realiza un mapa visual con todos los contenidos aprendidos. Para ello, puedes ayudarte del organizador gráfico de la derecha.

3 Una vez realizada la actividad anterior, comparte los resultados con el resto de la clase.

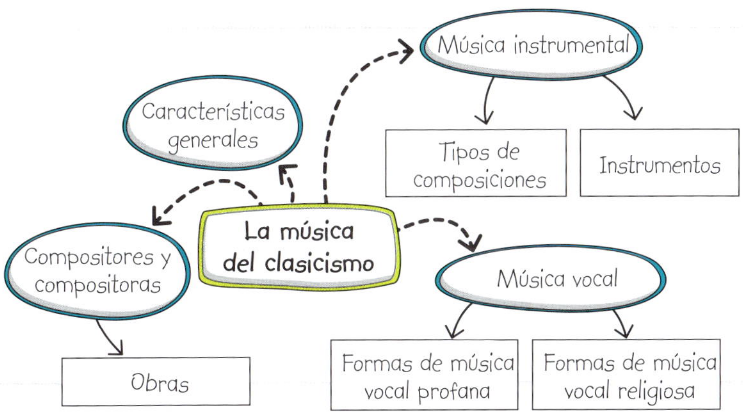

TALLER DE INSTRUMENTOS

Instrumentos de cuerda

Nos situamos

Los instrumentos de cuerda se caracterizan porque el sonido se produce mediante la vibración de una cuerda tensada. Poner en vibración cuerdas tensadas para producir alturas distintas fue todo un hallazgo de los seres humanos primitivos: habían inventado un utensilio que, al igual que su voz, producía notas.

Los primeros instrumentos fueron sencillos arcos con una cuerda tensada que podían servir tanto para lanzar flechas como para acompañar el canto.

Clasificación por familias

Los instrumentos de cuerda se dividen en varios grupos, según cómo se haga vibrar la cuerda, es decir, según cuál sea la técnica de interpretación utilizada:

INSTRUMENTOS DE CUERDA

- **Cuerda frotada** → Se produce el sonido al frotar la cuerda con un arco.
- **Cuerda pulsada** → La cuerda tensa se pulsa con los dedos o con una púa.
- **Cuerda percutida** → Las cuerdas se golpean con macillos, que suenan al vibrar.

Escucha ▶ En la clase

1. Escucha el sonido de diferentes instrumentos de cuerda pulsada y de cuerda frotada.
2. Comenta con tus compañeros y compañeras las diferencias que encuentres.

Prepárate para la Sala de ensayo...

Elementos de la música	Ritmo, melodía, armonía
Melodía	Motivo melódico, semifrase, frase, sección
Timbre	Instrumentos de cuerdas
Duración	Grupos de figuras: 
Altura	Alteración fa ♯
Lectoescritura	Signos de repetición: 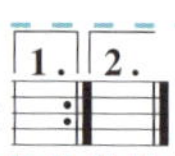 D.S. al Fine

En el banco de recursos de anayaeducacion.es, dispones de los audios para realizar estas actividades.

SALA DE ENSAYO

Fíjate en cómo se distribuye, entre dos pulsos, una síncopa cuando va entre dos corcheas.

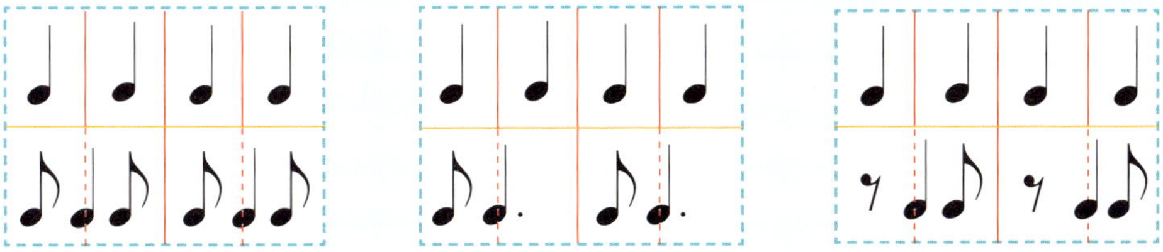

Recuerda

Con figuras y con notas

1 Practica el ritmo de síncopa con percusión corporal y sílabas rítmicas y, al mismo tiempo, la interpretación del signo de repetición D.S. al Fine. Puedes utilizar una base rítimica.

2 Interpreta con la guitarra o con la flauta los siguientes fragmentos escritos con las notas que conoces. Recuerda la **posición de fa ♯** en la flauta. Puedes tocarlos acompañándote con una base rítmica.

3 Practica las síncopas interpretando el siguiente fragmento con la guitarra o con la flauta.

Improvisa y crea con... la guitarra

4 Escucha cada motivo melódico en el audio propuesto para esta actividad y, a continuación, responde con tu guitarra u otro instrumento melódico (mejor si es de cuerda) con las notas de la escala pentatónica de do: (do), re, mi, fa, sol, la do'. Después, responde transformando el motivo escuchado.

TALLER DE INTERPRETACIÓN

Música clasicista

Nos situamos

La partitura que vas a interpretar pertenece a una de las escenas de la ópera *La flauta mágica*. En ella, el personaje Papageno (hombre-pájaro) toca la melodía con un carillón encantado y los esclavos la cantan, acompañados por instrumentos de cuerda tocando pizzicato.

Prepara la interpretación

1 Escucha poniendo atención al motivo melódico, rodeado en amarillo en la partitura. Observa como varios motivos forman una semifrase; varias semifrases, una frase; y varias frases, una sección (en este caso, A o B).

2 Comprueba que la forma del fragmento musical es bipartita: sus secciones son dobles y, además, se interpretan dos veces: AA BB AA BB.

3 Practica e interpreta con la voz o con láminas las agrupaciones de figuras la negra con puntillo más corchea ♪♩.

4 Recuerda que los signos de repetición y llamadas nos permiten escribir la forma sin copiar las secciones varias veces. Observa estas dos versiones de la partitura: la primera está escrita utilizando las casillas 1.ª y 2.ª; la segunda está escrita completa, sin el uso de estas casillas.

Recuerda los signos de repetición:

- **Dal segno** (D.S.): Indica repetición desde el lugar de la obra donde aparece 𝄋 hasta la indicación de la palabra **Fine.**
- **Casilla 1.ª y 2.ª vez:** Indica un salto en la repetición. La primera vez se interpreta la 1.ª casilla, y en la repetición, se salta a lo incluido en la 2.ª.

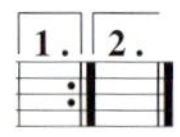

Escucha y practica la partitura en el banco de recursos en anayaeducacion.es.

Escucha ▶ En la clase

«Coro de esclavos», *La flauta mágica,* W. A. Mozart/Carlos G. Cuéllar — A A B B A A B B

Escucha, aprende e interpreta.

Metalófonos
Voces

Das klinget so herrlich!	¡Qué sonidos tan hermosos!
Das klinget so schön!	¡Qué sonidos tan bellos!
Larala lala larala, lala larala!	¡Laralá lala laralá, lalá laralá!
Nie hab' ich so etwas	Nunca había oído
Gehört und geseh'n!	ni visto cosa igual.
Larala lala larala, Lala larala!	¡Laralá lala laralá, lalá laralá!

En clave musical

HOY TOCA... LA CUERDA

1 Observa los siguientes instrumentos de cuerda. Asigna el nombre que corresponda a cada una de las imágenes.

2 Después, organiza los instrumentos según a la familia a la que correspondan: cuerda frotada, cuerda pulsada o cuerda percutida.

1. Arpa
2. Guitarra española
3. Dulcimer
4. Violín
5. Violonchelo
6. Contrabajo

PROFESIONES MUSICALES

LA PRODUCCIÓN MUSICAL

1 Lee la información sobre la producción musical en la actualidad. Escribe en tu cuaderno cuáles son las funciones principales de un productor o una productora dentro de un proyecto musical.

Un productor o una productora musical se encarga de dirigir y coordinar el proceso de desarrollo de un proyecto musical: un disco, una ópera, etc.

En la ópera, por ejemplo, su labor es reunirse con las personas responsables de la dirección escénica, musical, de la escenografía, etcétera, para conocer las diferentes necesidades.

Después, supervisará todo el proceso y se encargará de buscar los recursos económicos necesarios. También tendrá que aportar soluciones a los problemas que vayan surgiendo.

TRABAJA CON LO APRENDIDO

Comprueba

1 Razona qué influencia tiene en la música el protagonismo social de la burguesía en el siglo XVIII.

2 Señala y describe en tu cuaderno las características de la música clasicista.

3 Escribe de dónde proviene la denominación de «música de cámara» y nombra las agrupaciones de cámara más frecuentes.

4 Escribe el nombre de tres compositores representativos del período clasicista y cita sus obras más importantes.

Practica

5 Interpreta con percusión el fragmento rítmico siguiente. Presta atención a las síncopas.

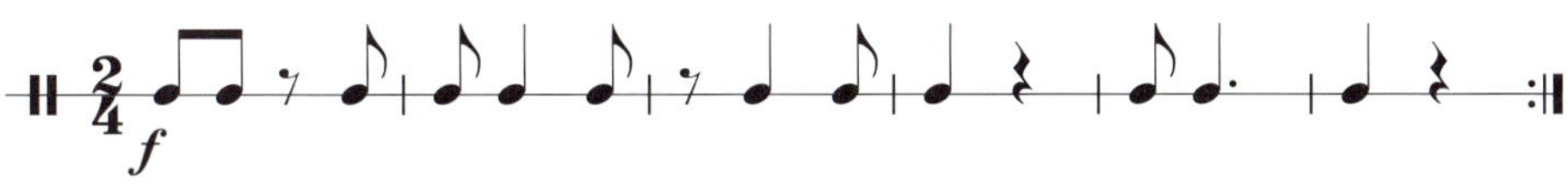

6 Copia en tu cuaderno el siguiente fragmento musical. Después, interprétalo con la flauta. Comparte la experiencia con tus compañeros y tus compañeras.

Experimenta y crea

7 Experimenta el mecanismo fundamental de la producción de las notas en la guitarra, poniendo especial atención en pisar las cuerdas sobre el mástil correctamente para que suenen. Realiza un dibujo en tu cuaderno y después explícalo en clase.

Investiga

8 Averigua a qué estilo de música corresponden estos guitarristas y escribe algún dato de cada uno de ellos en tu cuaderno: Slash, Paco de Lucía, Pat Metheny, Eric Clapton.

Recueda que dispones en el banco de recursos de anayaeducacion.es, de diversos talleres para gestionar tus emociones y de fichas para mejorar tu ciudadanía digital.

5

VIAJE A LOS SUEÑOS

Cuando una persona está insatisfecha por algo que la tiene atada, suele reaccionar con rebeldía para escapar de ello.

La nostalgia y el sentimiento de libertad le lleva a imaginar otra realidad distinta e ideal.

Los compositores y las compositoras del siglo XIX suelen reflejar este tipo de sentimientos en sus obras. Pueden pasar de lo más intimista a lo grandioso, pues les atraen los contrastes. Para expresarlo, nada mejor en cada caso que el piano o una gran orquesta.

Prepárate para...

- **Conocer** las características de la música del Romanticismo.
- **Aprender** cuáles fueron las formas vocales e instrumentales.
- **Conocer** los principales compositores y compositoras románticos.
- **Practicar, improvisar y crear** con el lenguaje musical.
- **Interpretar** en grupo una melodía del Romanticismo.
- **Descubrir** los instrumentos de teclado.

REFLEXIONA Y DEBATE

1 ¿Cuál imaginas que podría ser una de las causas de rebeldía de los hombres y las mujeres del Romanticismo?

2 ODS ¿Cómo crees que podrían reaccionar los jóvenes del Romanticismo al ver el deterioro creciente del medio ambiente que sufrimos ahora? Razónalo.

3 Si quisieras escuchar un nocturno, que refleja un sentimiento de tranquilidad en la noche, ¿lo elegirías entre las obras para orquesta o para piano solista? ¿Por qué?

ODS **anayaeducacion.es** Consulta el vídeo de la **Meta 13.3.**

¿Nos situamos en el tiempo?

Prehistoria | Edad Antigua | Edad Media | Renacimiento | Barroco | Clasicismo | **Romanticismo** | Siglo XX

Romanticismo temprano, 1800 (Beethoven, Rossini, Schubert)

Romanticismo pleno, 1830 (Chopin, Liszt, Schumann, Wagner)

Romanticismo tardío, 1850 (Chaikovski, Kórsakov)

LA MÚSICA EN EL ROMANTICISMO

1 La música de los sentimientos

El **Romanticismo** es un período artístico y cultural que se desarrolla a lo largo del siglo XIX. Surge como reacción al racionalismo de la Ilustración y se caracteriza por la exaltación de la libertad, de los sentimientos y de las emociones.

Los artistas románticos se sienten libres para expresarse según sus sentimientos, sin atarse a ningún tipo de norma y la música es considerada una de las formas más adecuadas para hacerlo.

El romanticismo musical

La música durante este período se populariza y llega a un público cada vez más numeroso. Las personas dedicadas a la composición alcanzan un gran reconocimiento social y se desvinculan de los mecenas, ganando en independencia.

ROMANTICISMO MUSICAL

- Melodías expresivas → Buscan transmitir sentimientos
- Estructura de las melodías más libres → Importa más el contenido que la forma
- Introducción del leitmotiv → Melodía que representa a un personaje o a un hecho
- Música de contrastes → Para conseguir melodías expresivas
- Aparición de la música programática → Describe historias, imágenes o estados de ánimo

Paisaje, Caspar David Friedrich (Museo Hermitage, San Petersburgo).

2 La música vocal romántica

Las principales formas vocales del Romanticismo son el lied alemán, la ópera italiana y la ópera alemana.

El lied alemán

Durante la primera mitad del siglo XIX, las composiciones de lieder (plural de lied) adquirieron en Alemania gran importancia.

El **lied** es una canción escrita en alemán cuya letra se basa en textos poéticos como los de Goethe. Generalmente son para voz solista y acompañamiento de piano.

Los compositores más representativos fueron Franz **Schubert,** que compuso más de seiscientos lieder; Robert **Schumann,** Johannes **Brahms** y Hugo **Wolf.** En el postromanticismo destacan los lieder orquestales de Gustav **Mahler.**

La ópera italiana

Es el espectáculo favorito de la burguesía. La música ya no se compone para ser disfrutada por la aristocracia, sino que se abre al gran público, cada vez más entendido y, por tanto, más exigente.

La historia de la ópera italiana sigue la tradición del siglo XVIII, siendo el XIX el siglo del esplendor de este género en Italia.

La ópera de este período se caracteriza por la gran belleza de la melodía, por la presencia de coros acompañando el canto de los solistas y por el gran virtuosismo de la voz.

Entre los compositores de ópera italiana más representativos están Gioacchino **Rossini,** representante de la transición entre la ópera clasicista y la romántica, Giuseppe **Verdi,** conocido por la importancia que daba a los coros y por sus ritmos marcados; Giacomo **Puccini** representante de una corriente llamada «verismo», basada en temas más realistas sin las idealizaciones románticas.

La ópera alemana

Richard Wagner es el máximo representante de la ópera alemana. Es el creador de una nueva concepción de la ópera: el drama musical.

El **drama musical** consiste en concebir la ópera como una obra de arte total que aúna música, poesía y teatro. La temática del drama musical se basa en la mitología alemana y utiliza el idioma alemán.

Además, Wagner incorporó la técnica del **leitmotiv,** que consiste en dotar a cada personaje de una melodía que lo caracteriza a lo largo de toda la composición.

Algunas de las óperas más importantes de Wagner son *Tristán e Isolda, Tannhäuser, Lohengrin, La walkiria, Sigfrido* o *El ocaso de los dioses.*

Escucha En la clase

«La donna è mobile», *Rigoletto,* de Giuseppe Verdi.

1 **Mapa mental.** Escucha la audición y después, con la ayuda del organizador gráfico, responde en tu cuaderno a las cuestiones planteadas.

Escucha En Internet

«Gute Nacht (Buenas noches), en re menor» del ciclo de lieder *El viaje de invierno,* de F. Schubert.

«Das Trinklied vom Jammer der Erde» del ciclo de lieder *La Canción de la Tierra,* de G. Mahler.

En la primera obra vas a apreciar cómo la voz y el piano son capaces de expresar el sentimiento del amor no correspondido; en la segunda, podrás apreciar el papel de la orquesta sinfónica dentro de un lied.

El piano romántico

El piano fue el instrumento preferido de los compositores a la hora de escribir e interpretar sus obras, debido a sus posibilidades sonoras y expresivas.

Fue inventado por el músico italiano Bartolomeo Cristofori a principios del siglo XVIII, pero se perfeccionó durante el siglo XIX para conseguir un instrumento más completo, que pudiera adaptarse a las exigencias de los compositores y las compositoras.

3 La música instrumental romántica

Se mantienen y se desarrollan formas musicales del clasicismo como el cuarteto, la sonata o el concierto. Sin embargo, las formas más destacadas del Romanticismo son las pequeñas piezas para piano; las sinfonías románticas, que expresan sentimientos exaltados y vigorosos; y los poemas sinfónicos, para la expresión de las emociones más íntimas.

Pequeñas piezas para piano

Para piano se crearon formas instrumentales de carácter libre, casi improvisado. Algunas de ellas son las romanzas, los caprichos, los nocturnos, las baladas, los preludios…

Compositores como Frédéric **Chopin,** Robert **Schumann**, Franz **Liszt** y Felix **Mendelssohn,** entre otros, destacaron por sus obras para piano. También hubo compositoras relevantes como Clara **Schumann** y Fanny **Mendelssohn.**

La sinfonía romántica

Es una sinfonía en varios movimientos que en lugar de basarse en una estructura formal, como en el clasicismo, se desarrolla en torno a la descripción de un programa o argumento, generalmente de carácter literario. Su creador es el compositor francés Hector **Berlioz.**

Escucha En la clase

«Florestan», *Carnaval,* de Robert Schumann.

1 Escucha atentamente y señala qué forma tiene el fragmento.

2 CSI. Indica si percibes contrastes de intensidad y de tempo en la audición. Dibuja lo que te transmite la fuerza de la composición. Comparte con el grupo.

Comprende, piensa, aplica…

Felix Mendelssohn (1809-1847), en una carta de 1842, escribía: «La gente se queja a menudo de que la música es demasiado ambigua, de que los pensamientos que suscita cuando se la escucha no son claros, mientras que todo el mundo entiende las palabras. Para mí sucede exactamente lo contrario. […] Los pensamientos que expresa la música que yo amo son demasiado indefinidos para ser expresados con palabras, antes al contrario, demasiado definidos». El autor está hablando acerca de sus *Canciones sin palabras, unas piezas para piano.*

1 Averigua si se está refiriendo a la música vocal o instrumental. Razona tu respuesta.

2 Reflexiona sobre el texto y sobre lo que supuso ese pensamiento en el desarrollo de la música para piano del siglo XIX.

3 Busca en la web de recursos de anayaeducacion.es la información relacionada con Félix Mendelssohn y con su hermana, Fanny Mendelssohn, y conoce aspectos relevantes de sus vidas y cuáles fueron sus obras.

El poema sinfónico

Se trata de una forma musical sinfónica de un solo movimiento cuya música va acompañada de un programa, un texto en el que se explica lo que se va a escuchar instrumentalmente en la obra.

Es la forma más importante dentro de la música programática y fue la preferida por los compositores románticos, sobre todo, por su gran libertad creativa. Su creador fue el pianista y compositor Franz **Liszt.**

Escucha ▶ En la clase

«Marcha hacia el patíbulo, cuarto movimiento», *Sinfonía fantástica,* de Hector Berlioz.

La *Sinfonía fantástica* es una de las obras clave para entender el significado de la música programática. Este fragmento describe el instante en el que el personaje principal sueña que ha matado a su amada y que camina hacia el patíbulo. El tema de la amada se escucha mientras cae la hoja de la guillotina.

1. Escucha atentamente e imagina al personaje caminando hacia su destino final. Indica si la música instrumental te ayuda a recrear en tu mente dicha escena. Razona tu respuesta.
2. **Cabezas numeradas.** Di si escuchas instrumentos de viento metal acompañando la marcha hacia el patíbulo del personaje. Nombra el instrumento que interpreta el tema de la amada antes de que finalice el movimiento.

La orquesta romántica

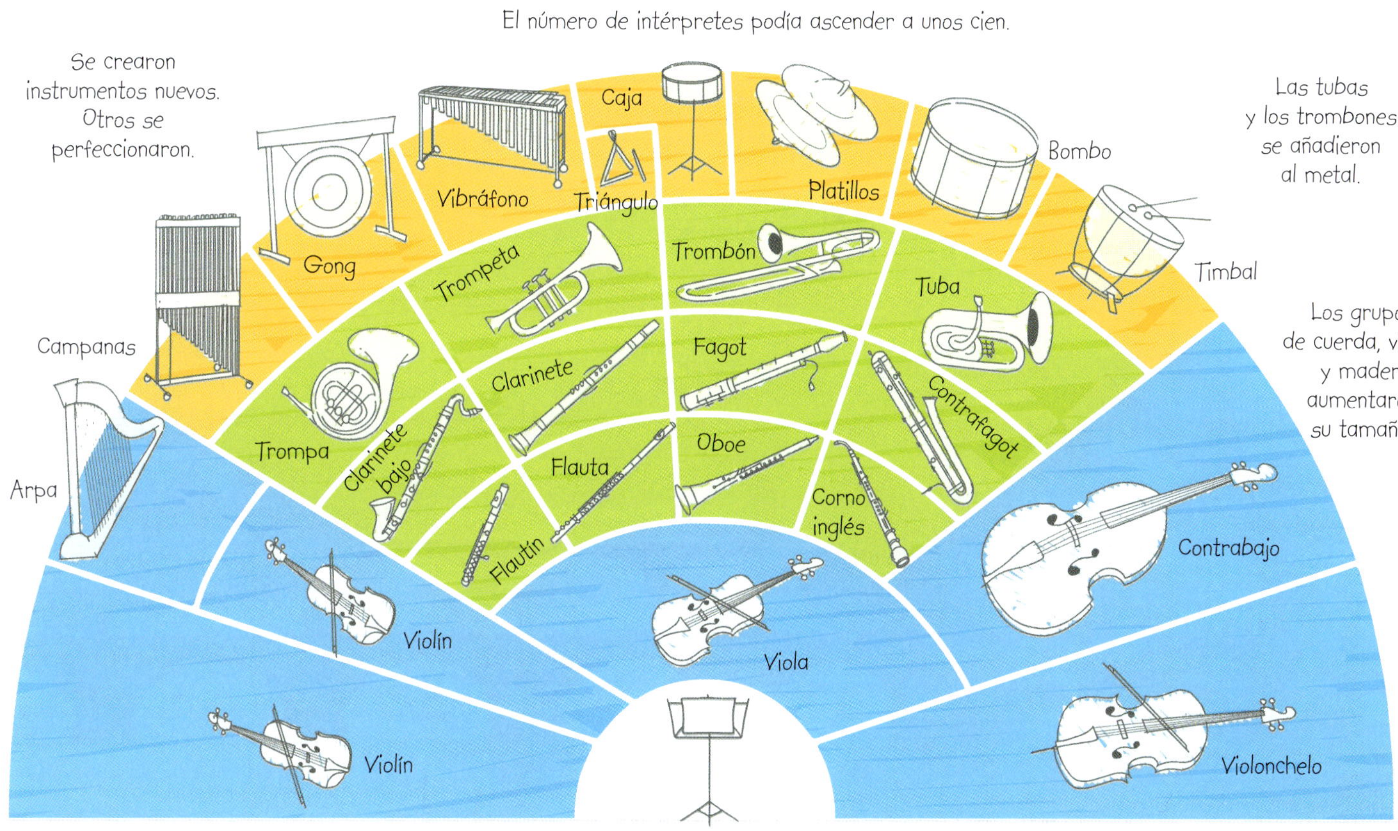

4 El nacionalismo musical

El nacionalismo es un movimiento dentro del Romanticismo surgido en la segunda mitad del siglo XIX.

NACIONALISMO MUSICAL

Las composiciones se inspiran en la tradición cultural y en el folclore de cada país.

- **Rusia**: Piotr Ilich Chaikovski, Grupo de los Cinco (Rimski Kórsakov y Modest Músorgski, entre otros)
- **República Checa**: Bedrich Smetana, Anton Dvorák
- **Países escandinavos**: Edvard Grieg, Jean Sibelius
- **Países americanos**: Heitor Villa-Lobos, George Gershwin
- **Hungría**: Béla Bartók, Zoltán Kodály

Escucha En la clase

«Vltava», *Má Vlast,* de Bedrich Smetana.

1 Escucha y observa el tema principal en la partitura: tiene un diseño melódico en forma de arco que asciende para luego descender.

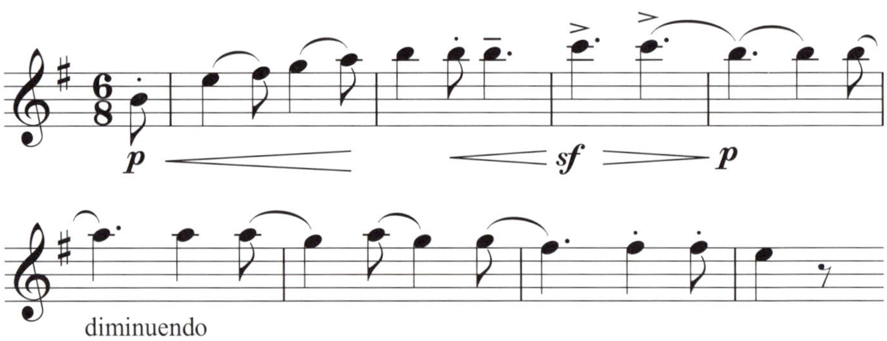

Comprende, piensa, aplica...

4 **Veo, pienso, me pregunto.** Busca información sobre este poema sinfónico y después de observar la imagen contesta: ¿Qué crees que pretende simbolizar o representar el compositor con su música? ¿Se corresponde con la imagen? Sacad conclusiones en grupo.

El río Moldava a su paso por Praga (República Checa).

5 Representantes del Romanticismo

Durante el Romanticismo destacan grandes compositores como Frédéric Chopin, Franz Schubert, Giuseppe Verdi o Richard Wagner; o compositoras como Clara Schumann.

FRANZ SCHUBERT
(1797-1828)

Fue el primer gran compositor de lieder. Compuso más de seiscientos. Además, fue el propulsor de las schubertiadas, conciertos íntimos y reuniones musicales para disfrutar de la música.

FRÉDÉRIC CHOPIN
(1810-1849)

Compositor e intérprete polaco dedicado, casi en exclusividad, a crear obras para piano. Compone, sobre todo, breves y pequeñas piezas como preludios, impromptus, polonesas, nocturnos.

GIUSEPPE VERDI
(1813-1901)

Es considerado uno de los compositores más relevantes de la historia de la ópera. A través de sus obras consigue transmitir la situación política y nacionalista de su país, Italia.

CLARA SCHUMANN
(1819-1896)

Fue una pianista extrordinaria y una compositora precoz. Recorrió Europa para ofrecer conciertos de sus creaciones y también de las de su marido, Robert Schumann. Hoy en día no se sabe cuántas de las obras adjudicadas a Robert son en realidad de Clara.

RICHARD WAGNER
(1813-1883)

Compositor creador del drama alemán, ópera concebida como obra de arte total que aúna poesía, música y teatro. Con Wagner, la ópera alemana alcanza su máximo apogeo.

Comprende, piensa, aplica...

5 Indica qué nombre recibe la técnica basada en la inclusión de una melodía en determinadas partes de la obra que da unidad a la composición.

6 Explica en qué consiste la música programática.

7 Señala las aportaciones de Wagner a la ópera del siglo XIX.

8 Realiza un esquema en tu cuaderno con las principales formas instrumentales del Romanticismo y sus características.

9 Comenta en clase qué crees que supuso para los compositores románticos el fin de la práctica del mecenazgo.

TALLER DE INSTRUMENTOS

El piano

Nos situamos

El piano es un instrumento de tecla, de cuerda percutida, que permite tocar en casi la totalidad de estilos musicales.

Su origen se remonta al siglo XVIII. Su creador, Bartolomeo Cristofori, construyó un instrumento similar al clavicordio que, a diferencia de este, permitía modificar la intensidad del sonido; es decir, podía producir sonidos suaves y fuertes.

Características y funcionamiento

El piano produce los sonidos cuando unos macillos golpean cuerdas afinadas. Este mecanismo permite producir melodías, tocando una tecla después de otra; y también acordes, presionando varias teclas a la vez, de manera simultánea.

Con el piano podemos interpretar piezas en diferentes tonalidades mayores y menores, dependiendo del número de notas alteradas que intervengan. Observa sobre el piano la escala de la tonalidad de do mayor, que no contiene notas alteradas, con sus tonos (T) y semitonos (S).

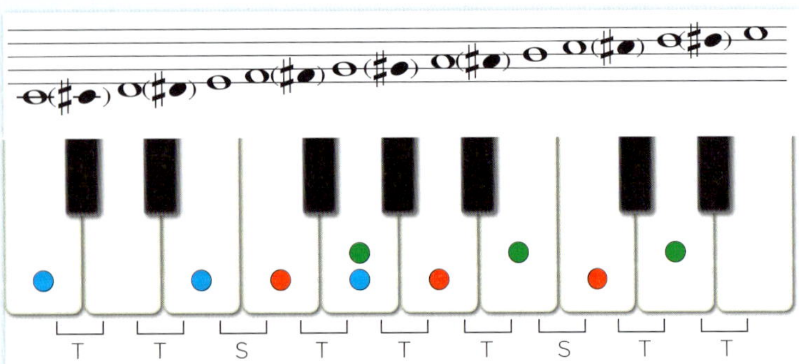

Acordes de tríada y su cifrado

I do mayor (C)

IV fa mayor (F)

V sol mayor (G)

Funcionamiento de las teclas

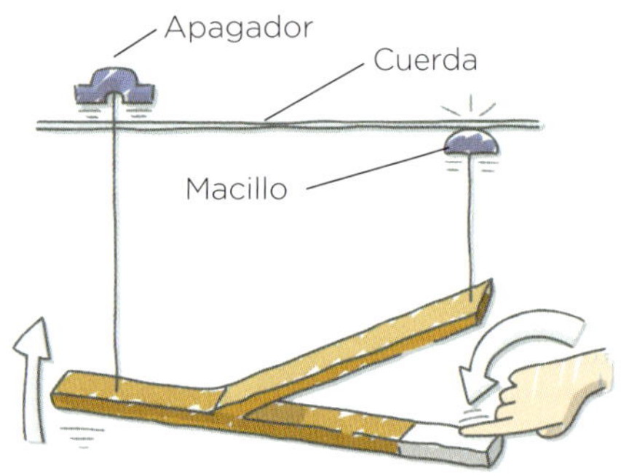

El apagador se separa de la cuerda.

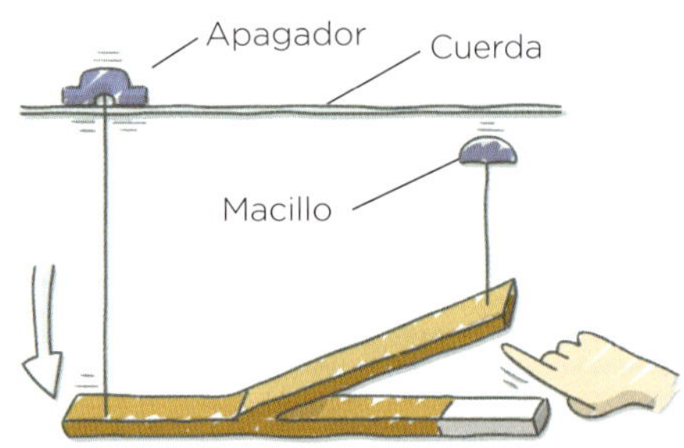

El apagador cae sobre la cuerda y el macillo se separa de la cuerda.

Escucha ▶ En la clase

1 Escucha y reconoce el sonido de distintos instrumentos de teclado.

2 Comenta en clase las diferencias que observas.

Prepárate para la Sala de ensayo...

Elementos de la música	Ritmo, melodía, armonía
Armonía	Tonalidad Acordes: I IV V
Altura	Tono/Semitono Nota alterada: re ♯
Timbre	Piano
Duración	Grupos de figuras:
Lectoescritura	Alteración: becuadro ♮

En el banco de recursos de anayaeducacion.es, dispones de los audios para realizar estas actividades.

SALA DE ENSAYO

A continuación vas a practicar el ritmo de corchea con puntillo. Este ritmo ocupa tres cuartas partes de un pulso; es decir, lo mismo que tres semicorcheas, dejando una libre dentro del pulso.

Recuerda

tim - ri

Con figuras y con notas

1 Realiza los fragmentos con percusión corporal y sílabas rítmicas.

1

2

2 Interpreta con el piano o con la flauta el siguiente fragmento escrito en una tonalidad conocida. Puedes tocarlo acompañándote con una base rítmica.

Fa mayor

El becuadro

El becuadro, ♮, es una alteración que anula el efecto de un sostenido (♯) o de un bemol (♭) en la partitura.

3 Interpreta los siguientes fragmentos con el piano o con la guitarra.

1 Do mayor

2 La menor

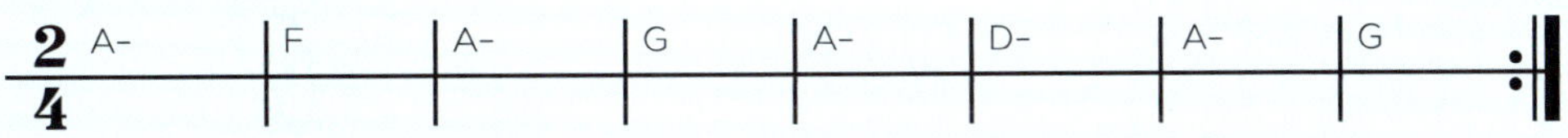

Improvisa y crea con... el piano

4 Improvisa **motivos melódicos** con el piano o la flauta sobre la base rítmica, utilizando las notas sol, la, si, re y mi.

5 Crea después una melodía con las notas de la escala de sol mayor mientras suena el audio propuesto para esta actividad. Prueba diferentes combinaciones de notas hasta que encuentres una que te resulte cómoda. Memoriza esa melodía.

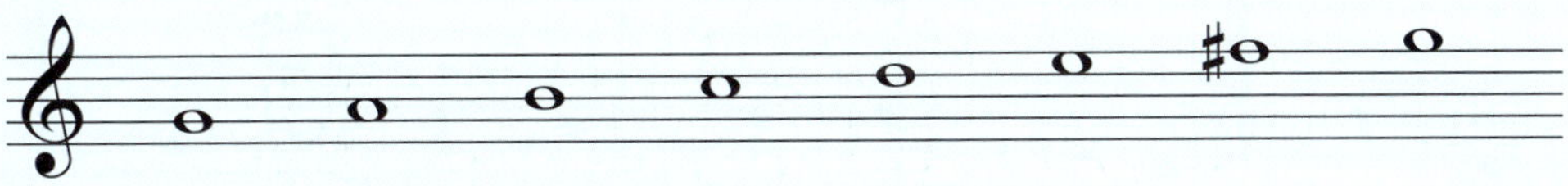

TALLER DE INTERPRETACIÓN

Música romántica

Nos situamos

Esta pieza se inspira en la pavana, danza de tempo lento y compás binario, muy bailada en toda Europa en el siglo XVI. Se suponen dos orígenes de su nombre: por un lado, la ciudad de Pavía, y por otro, los movimientos elegantes del pavo real que recuerdan a los de esta.

El compositor Gabriel Fauré vivió entre dos épocas, el Romanticismo y el impresionismo francés, que se deja entrever en esta obra.

Prepara la interpretación

1 Presta atención a la forma y al uso de las **casillas de repetición** 1.ª y 2.ª.

2 Observa las agrupaciones de **figuras,** y . Escucha cómo se interpretan estas figuras con **ligadura de prolongación.**

3 Pon atención a las dinámicas de la obra. Se mantienen entre ***pp*** y ***mp***; es decir, la obra se interpreta con una **intensidad** moderada.

4 Fíjate en las alteraciones en la partitura. Necesitas tener ambas láminas fa en los instrumentos de láminas, fa **natural** (♮) y fa **sostenido** (♯), excepto en el bajo, donde solo necesitas fa natural. Para ello tendrás que desplazar todas las láminas una posición hacia la derecha.

5 En esta ocasión, la audición está escrita en una tonalidad que no corresponde a la de la partitura (mi menor). No existe la posibilidad de tocar sobre la audición.

Escucha y practica la partitura en el banco de recursos en anayaeducacion.es.

Escucha ▶ En la clase

Pavana, Gabriel Fauré / Carlos G. Cuéllar

I A A' B A A'

Escucha, aprende e interpreta.

1.
mp
2.

En clave musical

HOY TOCA... EL TECLADO

1 Observa los siguientes instrumentos de teclado. Asigna el nombre que corresponda a cada una de las imágenes.

2 Después, organiza los instrumentos según la familia a la que correspondan: cuerda percutida, cuerda pulsada o viento.

1. Piano de cola
2. Clavicémbalo
3. Órgano de tubo
4. Armonio de fuelle
5. Acordeón

PROFESIONES MUSICALES

ARREGLISTA

1 Lee atentamente el contenido que habla sobre la profesión de arreglista y reflexiona especialmente sobre la siguiente frase: «a menudo la persona que hace los arreglos es pianista»; ¿por qué crees que esa frase es cierta? Responde en tu cuaderno y compártelo con el grupo.

El arreglista es la persona que se encarga de distribuir los elementos de un tema entre los diferentes instrumentos: decide cuándo interviene cada uno; cuáles tocarán la melodía, cuáles improvisarán, etc.

A menudo, la persona que hace los arreglos es pianista.
Esto le permite, con un teclado, grabar por pistas en el ordenador lo que van a tocar los instrumentos y editar las partituras informáticamente.

Muchas veces, los compositores y las compositoras entregan una partitura sencilla, con la melodía y los acordes y la persona arreglista crea y organiza el resto. A menudo, también, realiza la producción musical.

TRABAJA CON LO APRENDIDO

Comprueba

1 Escribe en tu cuaderno las características del Romanticismo musical y nombra algunos de los principales compositores.

2 Indica en qué consiste la técnica del leitmotiv.

3 Señala las principales formas vocales del Romanticismo y razona sus diferencias.

4 Detalla los nombres de las óperas más conocidas de Wagner.

5 Indica cuatro de los países en los que se desarrolla el nacionalismo musical y en qué consiste ese movimiento.

Practica

6 Escribe en tu cuaderno los grupos de notas y silencios de la siguiente partitura que caben dentro de un pulso. Después, interpreta el ritmo de la melodía con percusión.

7 Observa en el fragmento anterior cómo las notas de la melodía dibujan acordes de tríada. Cópialo en tu cuaderno y agrupa con un corchete las notas que pertenecen a un mismo acorde. Después, interprétalo con el piano o con la flauta.

8 Coloca las barras de compás donde corresponda en este fragmento de la *Cuarta sinfonía,* de Mahler, en tonalidad de sol mayor.

Experimenta y crea

9 Experimenta el mecanismo fundamental de la producción de las notas en un piano. Comparte con los demás la experiencia de tocar las teclas de un piano con diferente intensidad.

Investiga

10 Investiga y escribe el nombre de bandas sonoras del cine que utilicen la técnica del leitmotiv. Comparte tu investigación con el grupo.

6

CRUCE DE CAMINOS

Es frecuente que las personas que se dedican a la creación artística reflejen en sus obras la influencia de las circunstancias históricas que les ha tocado vivir. En Europa, durante la primera mitad del siglo XX, existía un enorme pesimismo debido al estallido de las grandes guerras.

Los nuevos creadores y creadoras reaccionan ante esa angustia vital tomando nuevos caminos para romper con las bases tradicionales de la música. A veces, esos caminos pueden llegar a entrecruzarse haciendo que un mismo compositor o compositora pueda pasar de una tendencia a otra a lo largo de su vida.

Prepárate para...

- **Conocer** las principales tendencias musicales de la primera mitad del siglo XX.
- **Descubrir** las corrientes musicales a partir de 1950.
- **Conocer** los principales compositores y compositoras románticos.
- **Practicar, improvisar y crear** con el lenguaje musical.
- **Interpretar** en grupo una melodía del siglo XX.
- **Descubrir** los instrumentos de percusión.

REFLEXIONA Y DEBATE

1 ¿Qué sensaciones crees que abundarían en la música de comienzos del siglo XX, de calma o de tensión? ¿A qué lo puedes atribuir?

2 ¿Por qué se componen obras musicales que buscan las disonancias o la ruptura con las tonalidades de siglos anteriores? ¿A qué crees que es debido?

3 ODS ¿Puedes indicar algunos de los cambios que pudo generar en el siglo XX el desarrollo de la Revolución Industrial iniciada en el anterior?

4 ¿Tienes alguna experiencia en que una música te haya resultado extraña? ¿Cómo has reaccionado? ¿Por qué?

ODS **anayaeducacion.es** Consulta el vídeo de la **Meta 9.1.**

¿Nos situamos en el tiempo?

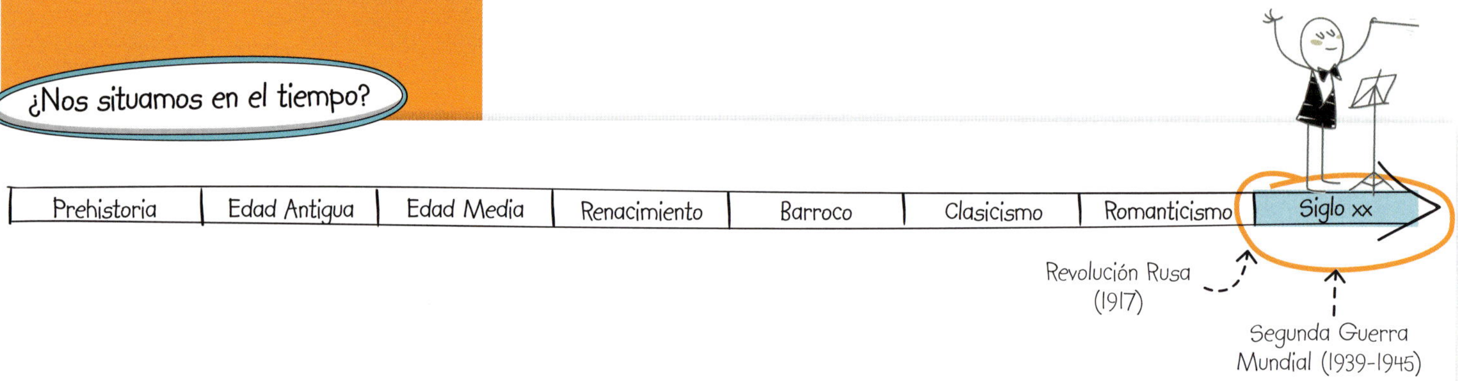

LA MÚSICA EN EL SIGLO XX

REPRESENTANTES DEL IMPRESIONISMO

- Claude Debussy
  - Obras
    - *Preludio a la siesta de un fauno*
    - *Sirenas*
- Maurice Ravel
  - Obras
    - *Bolero*
    - *Dafne y Cloe*
    - *Pavana*

1 La música en la primera mitad del siglo XX

El siglo XX significa el fin del Romanticismo y la aparición de nuevos estilos musicales que, a pesar de ser muy diferentes entre sí, tienen en común el deseo de ruptura con el pasado.

El impresionismo

Nace en Francia a finales del siglo XIX. El impresionismo no pretende expresar un sentimiento o narrar una historia, como el Romanticismo, sino sugerir imágenes, atmósferas o impresiones a través de la música.

Algunas composiciones de Debussy están inspiradas en cuadros impresionistas. En la imagen, *Paseo en barca en la norvégienne*, de Claude Monet (1877). Museo d'Orsay (París).

Escucha ▶ En la clase

Preludio a la siesta de un fauno, de Claude Debussy.

1 Escucha y observa la partitura. Trata de reconocer el tema musical.

2 **Escucho, pienso, me pregunto.** Indica el instrumento que interpreta la melodía. ¿Por qué crees que Debussy escogió ese instrumento?

3 Señala las impresiones con las que más identificas la música del tema principal: misterio, tensión, tranquilidad...

El segundo nacionalismo

El nacionalismo del siglo XX representa una corriente musical con características distintas de las del nacionalismo del siglo XIX. Los compositores van a estudiar con detalle la música popular de cada país y van a escoger las características musicales esenciales, como las escalas o los ritmos.

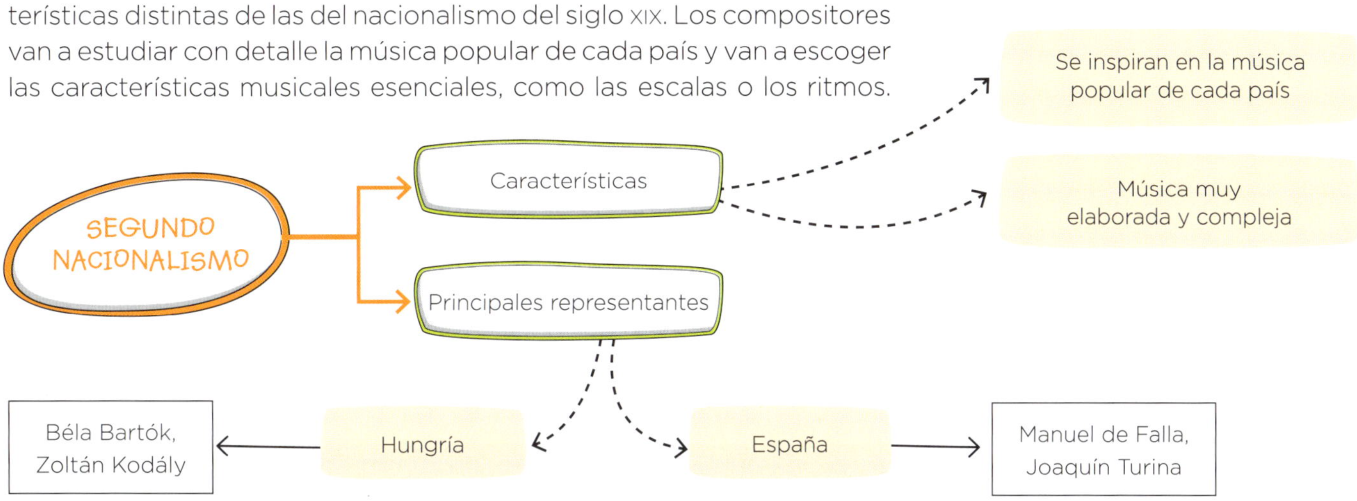

Escucha ▶ En la clase

«En el Generalife», *Noche en los jardines de España*, de Manuel de Falla.

1 **Interpretación compartida.** Escucha atentamente y reconoce la melodía del tema principal interpretada con unos acordes.

2 Escribe el nombre de algún instrumento que intervenga en el tema musical inicial. Comparte tu elección con el resto del grupo.

3 Escribe el papel que desempeña el piano dentro de la composición, si es un instrumento más o ejerce de solista en algunas secciones.

4 Imagina que has compuesto esta obra y aún no le has puesto el título. ¿Qué título le pondrías? ¿Por qué?

El Generalife, construido entre los siglos XII y XIV, fue el palacio utilizado por los reyes musulmanes como lugar de descanso.

Comprende, piensa, aplica...

1 Mapa mental. Después de leer la información sobre el expresionismo y con ayuda del organizador gráfico, realiza un mapa mental a partir de las cuestiones que se plantean. Pon en común los resultados.

El expresionismo

El expresionismo es un movimiento que nace en Alemania en los momentos previos al estallido de la Primera Guerra Mundial. Se caracteriza por tratar de representar las experiencias humanas más extremas de un modo dramático.

El expresionismo musical consigue ese dramatismo utilizando notas y acordes de manera libre, rompiendo la estructura tradicional de la música y llegando a la disonancia. Es lo que se llama **atonalismo.**

Arnold **Schönberg** es el mayor representante del expresionismo musical. Es el creador de la técnica del **dodecafonismo,** que consiste en trabajar con las doce notas de la escala cromática (situadas a distancia de semitono), colocadas en serie, sin que exista relación entre ellas. Entre sus composiciones destaca la ópera *Pierrot Lunaire*.

Escena de la ópera *Pierrot Lunaire* compuesta por Arnold Schönberg, estrenada en Berlín en 1912.

Escucha En la clase

Variaciones para orquesta op. 31, de Arnold Schönberg.

El compositor ha utilizado la técnica del dodecafonismo. Aparece un tema compuesto por una serie de doce notas de la escala cromática, que se va transformando a través de variaciones.

1. Escucha atentamente la audición e intenta retener la melodía. Después, tararéala. ¿Has sido capaz de hacerlo? ¿Qué dificultades has encontrado? Comparte tus impresiones con el grupo.

2. Tras la audición, comenta con tu grupo el siguiente extracto del libro «El estilo y la idea», de A. Schönberg. *«No existe ninguna duda acerca del momento en que una persona comienza a gozar de una canción o de una danza. Es cuando empieza a cantar o a silbarla: en otras palabras, cuando puede recordar la melodía».*

El neoclasicismo

El neoclasicismo no fue un estilo rompedor como el expresionismo, sino que supuso la vuelta a las formas barrocas y clasicistas, buscando la belleza y la comprensión de la melodía. Con el neoclasicismo se buscaba componer una música agradable que pudiera ser aceptada por todo el público.

Ígor **Stravinski** fue uno de los autores que compuso música de estética neoclasicista. Sin embargo, su trayectoria musical pasó por diversos estilos: sus comienzos fueron impresionistas, tomó elementos después del nacionalismo, para continuar con el dodecafonismo y acabar en el neoclasicismo.

Una de las obras con las Stravinski se inició musicalmente en el neoclasicismo es *Pulcinella,* aunque previo a su estilo neoclasicista compuso tres de sus obras más emblemáticas: *El pájaro de fuego, La consagración de la primavera* y *Petruchska.*

Escucha En la clase

«Obertura», *Pulcinella,* de Ígor Stravinski.

Se trata de una música para *ballet.* Fue encargada a Stravinski por Diaghilev, empresario y creador de los *ballets* rusos. El *ballet* está basado en un personaje de la comedia italiana del siglo XVII, *Pulcinella.*

1 Escucha atentamente la audición e indica el tipo de agrupación que la interpreta: una orquesta de reducidas dimensiones, como la orquesta barroca, o una orquesta sinfónica.

2 Escribe en tu cuaderno si identificas el tema principal y, si después de escucharlo, eres capaz de recordar la melodía. Compara tu respuesta con la misma cuestión planteada en la audición de Schönberg *Variaciones para orquesta op. 31,* de la página anterior.

Comprende, piensa, aplica...

2 Investiga qué profesionales intervienen en el montaje de un ballet.

3 **El espejo.** Piensa en una diferencia entre el expresionismo y el neoclasicismo, y una similitud entre ambos. Copia el siguiente organizador gráfico en tu cuaderno para realizar la actividad.

EXPRESIONISMO		NEOCLASICISMO
Diferencia	Similitud	Diferencia

Decorado pintado por Picasso para la obra *Pulcinella,* de Stravinski.

2 La música a partir de 1950

Finalizada la Segunda Guerra Mundial, el panorama europeo era desolador en todos los aspectos. Surgen nuevas corrientes musicales diferentes y contrastantes. Las más representativas fueron el serialismo integral, la música aleatoria, la música concreta y la música electrónica, entre otras.

En el contexto en el que se desarrollaban, los compositores e intérpretes tenían una misión: crear nuevas obras musicales que contribuyeran a la reconstrucción de la cultura.

El serialismo integral

Es una corriente que se caracteriza por realizar, antes de la composición, una estricta organización de todos los elementos musicales (alturas, duraciones, tempos, intensidades...).

Los sonidos se ordenan en series (de ahí el nombre de serialismo), según el sistema dodecafónico, y se combinan matemáticamente.

El compositor más representativo del serialismo integral es el francés Oliver **Messiaen.**

La música aleatoria

Esta corriente se caracteriza por ofrecer una música indeterminada en función del azar y de la libertad de quien la interpreta. Es, por tanto, una reacción contraria a la rigidez del dodecafonismo y al serialismo integral.

Los compositores y las compositoras, para lograr esa libertad, escriben partituras no convencionales en las que utilizan grafías alternativas muy libres y sugerentes. El compositor más representativo es John **Cage.**

John Cage, a menudo, utilizó en sus partituras silencios como un elemento más del lenguaje musical.

Comprende, piensa, aplica...

4 Cabezas pensantes. Cread en grupo una partitura no convencional para interpretarla con instrumentos de pequeña percusión. Utilizad colores, símbolos, dibujos etc.

Las nuevas sonoridades

El desarrollo de la Revolución Industrial y la utilización de cintas magnetofónicas y otros sistemas electrónicos de producción de sonido posibilitan el nacimiento de nuevas tendencias musicales, como la música concreta y la música electrónica.

La **música concreta** se basa en la idea de que cualquier sonido existente en el entorno o cualquier objeto que pueda emitir sonidos puede ser parte de una composición musical. No se utilizan instrumentos tradicionales, como los de la orquesta, sino los sonidos grabados con cinta magnetofónica.

Destacan, dentro de esta corriente, Pierre **Schaeffer** y Pierre **Henry,** que compusieron de manera conjunta la *Sinfonía para un hombre solo.*

La **música electrónica** utiliza únicamente sonidos producidos a través de aparatos electrónicos, normalmente los sintetizadores. Su influencia es determinante en la música posterior, no solo la académica, sino la popular urbana.

Otras corrientes musicales

También en los años 50 hubo una serie de compositores que pretendían alejarse de la complejidad que había alcanzado la música contemporánea.

Buscaban llegar al gran público, a la música comprensible por todos. Con este objetivo surgieron las siguientes tendencias musicales: la **música grupal,** la **música estocástica, citas y colages** y la **música minimalista.**

Escucha En la clase

Music in fifths, de Philip Glass.

Esta composición pertenece al minimalismo, corriente surgida como reacción a los estilos complicados de la música contemporánea. La música es sencilla, fácilmente comprensible, con ritmos repetitivos y sucesión de frases musicales cortas.

1 Escucha atentamente la audición e indica qué instrumentos de la orquesta identificas.

2 Escribe si escuchas algún ostinato melódico-rítmico repetitivo a lo largo de toda la composición.

3 Expón brevemente en tu cuaderno la impresión que te genera la composición o qué emoción te produce.

Compositoras del siglo xx

El primer cuarto del siglo xx es el momento en el que las mujeres se incorporan al mundo de la música, como compositoras, intérpretes, pedagogas y directoras de orquesta.

Destacaron mujeres de la talla de **Ethel Smyth** (1858-1944), compositora inglesa de música, cuya estética compositiva es conservadora. Escribió óperas, además de un *ballet* y música instrumental.

Como contraste de este estilo destacó **Ruth Crawford** (1901-1951), que compositora americana, compuso música politonal y serialista. Hizo obras instrumentales principalmente.

Comprende, piensa, aplica...

5 Con toda la información que ahora tienes sobre la música compuesta a partir de 1950 realiza un mapa visual atendiendo a las cuestiones que se plantean. Para ello, puedes ayudarte del organizador gráfico de la derecha.

TALLER DE INSTRUMENTOS

Instrumentos de percusión

Nos situamos

Los instrumentos de percusión se pueden clasificar por el material de la superficie golpeada. Esta superficie puede ser de madera, de metal o de membrana o parche.

También, se pueden dividir en dos familias según sean de **altura definida** (se interpretan notas concretas con ellos) o **altura indefinida.**

Tipos y funcionamiento

Los instrumentos de percusión de altura definida más utilizados en el aula son los de láminas, que pueden ser de madera (xilófonos) o metálicas (metalófonos y carillones). Hay tres tesituras: soprano, alto y bajo. Se usan para tocar melodías y armonía (acordes), percutidos con mazas o con baquetas.

Entre la percusión de altura indefinida en el aula encontramos, entre otros:

- El **pandero** y la **pandereta,** formados por un aro de madera, fibra o metal con un parche tensado. En la pandereta, a los lados del aro, hay sonajas que entrechocan al tocar y la diferencian del pandero.
- El **triángulo** es una pieza metálica triangular abierta en un vértice. Se percute, colgado de una cuerda, con una varilla metálica.
- Las **claves** son dos palos. El que se percute se aloja en una de las manos creando una cavidad que actúa de caja de resonancia.
- El **güiro** proviene de una calabaza con escisiones, que se rascan con un palo. Puede ser de madera o de metal.
- La **maraca** está formada por una parte esférica hueca, rellena de pequeños elementos, que emiten sonidos cuando se sacuden.

Escucha ▶ En la clase

1 Escucha el sonido de varios instrumentos de percusión.

2 Comenta con el grupo las diferencias sonoras que encuentras.

Prepárate para la Sala de ensayo...

Elementos de la música	Ritmo, melodía, armonía
Duración	Grupos de figuras: 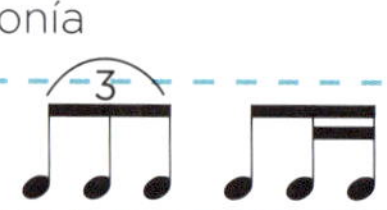
Intensidad	*sf pp ppp ff*
Timbre	Percusión
Articulación (ampliación)	Picado, tenuto, ligado
Lectoescritura	Indicaciones de articulación

En el banco de recursos de anayaeducacion.es, dispones de los audios para realizar estas actividades.

SALA DE ENSAYO

Con figuras y con notas

1 Lee e interpreta cada patrón rítmico con el instrumento que se indica u otro de percusión, ***f*** la primera vez y ***mf*** la segunda.

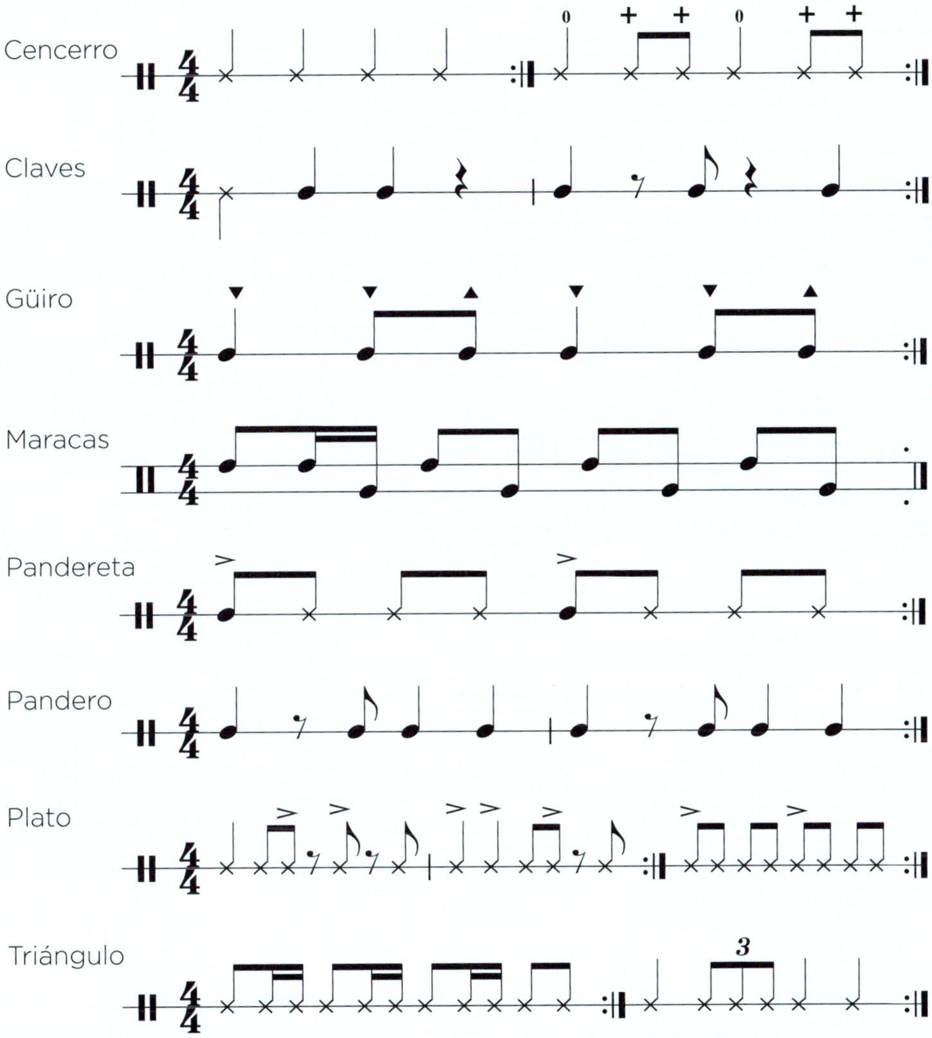

2 Toca el ritmo de esta melodía con percusión corporal, poniendo atención a los grupos de figuras y de los cambios de dinámicas. Después, interprétala con la flauta o con un instrumento de láminas.

El término ***sf*** o ***sfz*** sobre una nota significa que esta se ha de acentuar súbitamente.

Improvisa y crea con... la percusión

3 Formad pequeños grupos de percusión y tocad juntos los ritmos en 4/4 de la actividad 1.

4 Escuchad el audio propuesto para esta actividad, y, por turnos, cada miembro del grupo realizad una improvisación mientras el resto sigue tocando. Utilizad tresillos en vuestra improvisación.

TALLER DE INTERPRETACIÓN

Música del siglo XX

Nos situamos

La partitura que vas a interpretar consiste en la repetición de una melodía basada en cinco notas que se repite cuatro veces con diferente matiz. Está acompañada con un ritmo constante de corcheas que va cambiando de dinámica a la vez que la melodía.

Prepara la interpretación

1 Escucha la audición mientras sigues la melodía en la partitura. Fíjate bien en la forma escrita al inicio. Te indica que la partitura tiene una introducción de cuatro compases.

2 Para interpretar correctamente la melodía, recuerda los signos de articulación de la segunda unidad: picado, tenuto y ligado.

3 Antes de comenzar a tocar, pon atención a las dinámicas en la partitura. Observarás que utiliza matices extremos como ***ff***, ***pp*** o ***ppp***.

4 Interprétala con la flauta una primera vez, lentamente, atendiendo a dichos matices. Después, prueba a tocarla sobre el piano de la audición al tempo correspondiente.

Escucha y practica la partitura en el banco de recursos en anayaeducacion.es.

Escucha ▶ En la clase

Danza húngara, Béla Bartók

A_1 A_2 A_3 A_4

Escucha, aprende e interpreta.

Xilófono

Met. alto y bajo

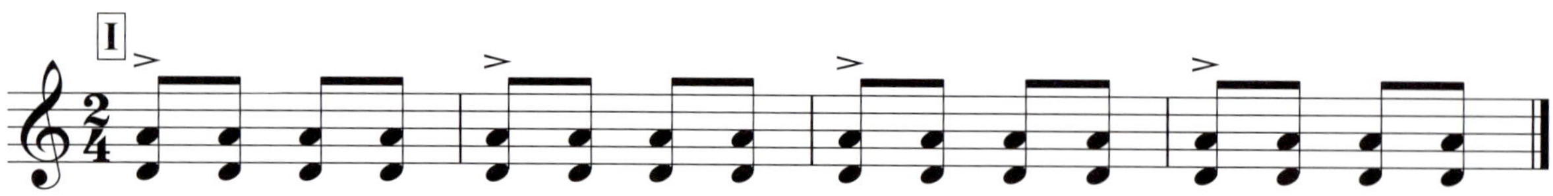

A2
f
sf
A3
p
A4
pp
ppp

En clave musical

HOY TOCA... LA PERCUSIÓN

1 Observa los siguientes instrumentos de percusión. Asigna el nombre que corresponda a cada una de las imágenes.

2 Después, organiza los instrumentos según la familia a la que correspondan: altura definida o indefinida.

a 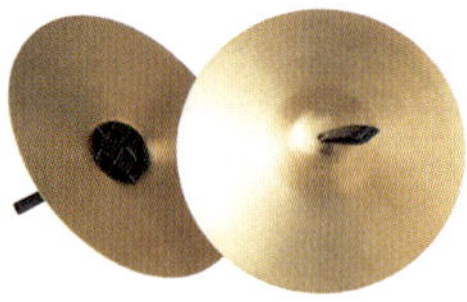

b 

c 

d 

e 

f 

1. Platillos
2. Congos
3. Vibráfono
4. Steel drum
5. Timpani
6. Gong

EL TALLER DEL LUTIER

CONSTRUYE INSTRUMENTOS DE PEQUEÑA PERCUSIÓN

Claves

Necesitas dos palos de madera entre 15 mm y 20 mm de longitud. Líjalos y, si quieres, coloréalos. Golpéalos entre ellos para obtener diferentes ritmos.

Güiro

Consigue un tubo de cartón y realiza en él unas hendiduras con una lima. Con una varilla de madera rasca sobre las hendiduras para interpretar los acompañamientos.

Maracas

Necesitas dos recipientes con tapa rellenos de unos cuantos granos de arroz.
Agita los envases según el ritmo que quieras marcar.

Recuerda seleccionar el material de trabajo de esta unidad para tu **portfolio.**

TRABAJA CON LO APRENDIDO

Comprueba

1 Busca en el banco de recursos de anayaeducacion.es la información sobre Maurice Ravel y realiza un esquema sobre las características fundamentales de su obra.

2 Señala las diferencias entre el romanticismo y el impresionismo musicales.

3 Indica en qué consiste el nacionalismo musical y qué compositores destacan en España en el segundo nacionalismo.

4 Indica a qué compositor expresionista pertenece la obra *Pierrot Lunaire.*

5 Comenta lo que significa para ti la frase: «La música concreta se basa en la idea de que cualquier sonido existente en el entorno o cualquier objeto que pueda emitir sonidos puede ser parte de una composición musical».

6 Detalla las características de la corriente compositiva del minimalismo.

7 Reflexiona y anota en tu cuaderno tus fortalezas y tus debilidades en el aprendizaje de la música del siglo XX.

Practica

8 Localiza, conoce su historia y escucha en Internet la obra *Bolero,* de Maurice Ravel.

9 Sigue la partitura mientras escuchas el ritmo constante que toca la caja en esta pieza. Después, interprétala con un instrumento de percusión sobre la obra.

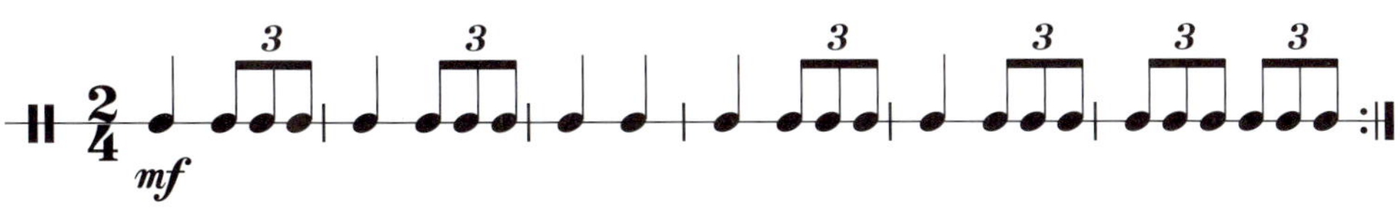

Experimenta y crea

10 Experimenta la diferencia de timbre entre un instrumento de percusión de madera, uno de parche y uno de metal. Utiliza un adjetivo para identificar cada sonido.

11 Escribe en tu cuaderno cómo afectan al timbre la forma que tiene un instrumento y el material con el que está construido.

Investiga

12 Investiga en Internet el uso en el cine de la obra *Gymnopédies,* del compositor impresionista francés Satie.

13 Escribe en tu cuaderno los datos de la investigación, detallando los nombres de películas en las que se ha utilizado. Coméntalo en clase con los demás.

7

LA MÚSICA POPULAR URBANA

En el siglo xx se produce una revolución sin precedentes en la historia de la música: la irrupción paulatina de diversos estilos que se han multiplicado por todo el mundo gracias a la difusión dada por los medios de comunicación de masas (radio, televisión...) y a las nuevas tecnologías.

Esta revolución, entre otras cosas, ha traído consigo la aparición de la música popular urbana, que es producto de las tradiciones aportadas por las comunidades de inmigrantes (esclavos negros traídos de África y colonos blancos llegados de Europa, fundamentalmente anglosajones) que formaron los Estados Unidos de América.

Prepárate para...

- **Descubrir** el origen y la evolución del blues y del jazz.
- **Conocer** las características del rock y del pop, su evolución y sus estilos.
- **Entender** el significado de la canción de autor.
- **Practicar, improvisar y crear** con el lenguaje musical.
- **Interpretar** en grupo una melodía de jazz.
- **Descubrir** los instrumentos electrófonos.

REFLEXIONA Y DEBATE

1 ODS Los esclavos y las esclavas procedentes de África cantaban mientras trabajaban. Fueron el germen en Estados Unidos del nacimiento del blues. ¿En qué condiciones crees que estarían? ¿Podría haberse dado la esclavitud donde no hubiera pobreza?

2 ¿Crees que el talento para la música depende del nivel de vida? Justifica tu respuesta con algún ejemplo.

3 ¿Cuál crees que puede ser el secreto de que se extendiera la música popular urbana en el siglo xx como lo hizo?

4 ¿Cuál es el estilo de música que te gustaría escuchar en concierto? ¿Qué es lo que más te llega de él?

ODS **anayaeducacion.es** Consulta el vídeo de la **Meta 1.b.**

¿Nos situamos en el tiempo?

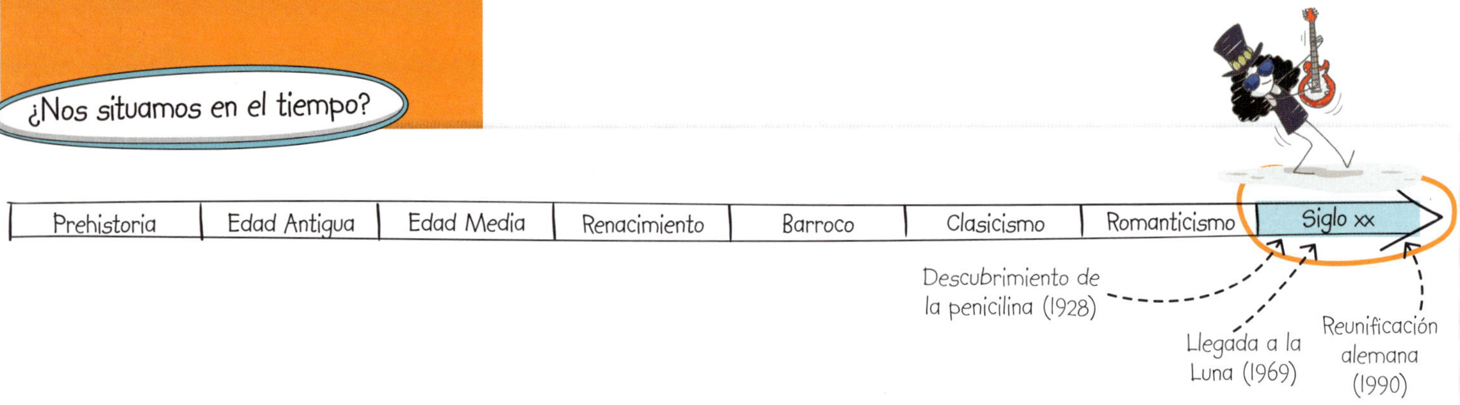

LOS ESTILOS MUSICALES MODERNOS

1 El blues

El blues tiene su origen en Estados Unidos en los cantos de trabajo de los esclavos procedentes de África.

El **blues primitivo** surge en el ámbito rural y se caracteriza por ser un estilo de tono melancólico, con composiciones muy simples acompañadas de guitarra o de banjo. Para su composición se utiliza la denominada escala de blues, que es una derivación de la escala pentatónica menor.

En la década de 1930, la Gran Depresión produjo un movimiento migratorio de la población del campo hacia las ciudades en busca de trabajo. Con ellos iba también su música. Así surgió el **blues urbano,** más elaborado que el blues primitivo, con agrupaciones musicales formadas por la batería, el bajo, la guitarra, el piano y la voz.

Escucha En la clase

Boom Boom, John Lee Hooker.

1 Escucha atentamente. Se trata de una canción de blues basada en tres acordes fundamentales: tónica (I), subdominante (IV) y dominante (V).

2 En pequeños grupos, interpreta durante la introducción las siguientes notas, a pulso de negra, con un instrumento de láminas, siguiendo la temporalización.

0:00 - 0:06	I (FA)	Cuatro compases de 4/4
0:07 - 0:09	IV (SI)	Dos compases de 4/4
0:10 - 0:12	I (FA)	Dos compases de 4/4
0:13 - 1:15	V (DO)	Dos compases de 4/4
1:16 - 1:18	I (FA)	Dos compases de 4/4

3 En pequeños grupos, interpreta durante la introducción las siguientes notas, a pulso de negra, con un instrumento de láminas, siguiendo la temporalización.

4 CSI. ¿Con qué colores asociarías esta música? Dibuja en tu cuaderno lo que te sugiere este blues.

Los cantos de trabajo

Los cantos de trabajo surgieron en las plantaciones de algodón del sur de Estados Unidos.

Eran cantos entonados por los esclavos y las esclavas para sobrellevar la monotonía y la dureza de las faenas en los campos.

Tenían como características un pulso musical muy marcado y un parón de llamada-respuesta típico de la música africana.

2 El jazz

El estilo jazz surgió a finales del siglo XIX, al sur de Estados Unidos. Sus principales características son: ritmo marcado, uso frecuente de síncopas, improvisación instrumental y gran expresividad del solista.

Uno de los precedentes del jazz es el estilo **ragtime,** basado en las marchas de las bandas europeas, adaptadas a los ritmos sincopados africanos. El ragtime se interpreta generalmente al piano.

El primer estilo de jazz es el que surge en Nueva Orleans. Las bandas de **jazz de Nueva Orleans** son grupos reducidos, de cinco o seis integrantes. Los instrumentos que componen estas bandas son la batería, el contrabajo o la tuba, el piano, el banjo, el clarinete, la trompeta y el trombón. A este primer estilo de jazz también se lo conoce como estilo **dixieland.**

La emigración que se produjo durante los años veinte y los años treinta del siglo XX hacia zonas del norte de Estados Unidos llevó el jazz a Chicago. El **estilo de Chicago** reforzará la actuación de los solistas e incorporará el saxofón a las bandas.

El principal intérprete de esta época es Louis **Armstrong,** considerado el padre del jazz.

La evolución del jazz

En los años treinta surge el **swing,** un estilo de jazz bailable interpretado por las big bands, agrupaciones de unos diecisiete músicos (trompetas, saxos, trombones, bajo, batería, guitarra y piano).

En los años cuarenta emergió otro tipo de jazz, el **be-bop,** que se basaba en improvisaciones más rápidas y complejas. Las agrupaciones se redujeron a unos cinco miembros, a menudo con un viento como instrumento solista.

A partir de los años cincuenta hicieron su aparición otros estilos, como el **cool jazz,** el **free jazz, jazz fusión,** etc.

Comprende, piensa, aplica...

1 Después de leer la información sobre el jazz, y con la ayuda del organizador gráfico, responde en tu cuaderno a las cuestiones que se plantean.

Charlie Parker fue uno de los creadores del estilo be-bop y es considerado uno de los más importantes saxofonistas de jazz de todos los tiempos.

3 La música rock

El rock surge en Estados Unidos en la década de 1950. Musicalmente, se caracteriza por tener un ritmo enérgico, acompañado por guitarras eléctricas y apoyado por la batería.

El punto de partida del rock es el **rock and roll.** Este estilo nace de la fusión del blues afroamericano con la música interpretada por los jóvenes blancos. Sus canciones son muy rítmicas, con melodías pegadizas creadas para bailar.

La canción *Rock around the clock,* de Bill Haley and his Comets, es considerada el punto de partida del rock and roll, aunque el principal representante de este estilo es Elvis **Presley.**

Evolución y estilos

El rock no es una corriente homogénea, sino que ha ido evolucionando en diferentes estilos convirtiéndose en un fenómeno cultural y musical alrededor del mundo.

Aquí puedes ver algunos de los estilos en los que evolucionó el rock:

EVOLUCIÓN Y ESTILOS DEL ROCK

- Folk rock → Bob Dylan, Neil Young
- Rock británico → The Rolling Stones, The Who
- Hard rock → Led Zeppelin, Deep Purple, AC/DC
- Heavy metal → Iron Maiden, Metallica

Escucha | En la clase

Whole lotta love, de Led Zeppelin.

1 Escucha e identifica los instrumentos que intervienen en la audición.

2 Escucha el riff de la guitarra, utilizado a modo de ostinato y señala si aparece en las estrofas, en el estribillo o en ambas secciones.

Los miembros de Led Zeppelin, John Paul Jones, John Bonham, Robert Plant y Jimmy Page, en concierto.

4 La música pop y otros estilos

La música pop es una variante del rock y nació en el Reino Unido en los años sesenta del siglo XX. Se caracteriza por ser una música desenfadada y espontánea, de ritmos y melodías sencillos, y con estribillos pegadizos.

Los máximos impulsores de la música pop fueron **The Beatles.** Sus canciones marcaron una época y un estilo. Aunque el grupo se separó pronto, su repercusión y trascendencia se hace notar hoy en día.

The Beatles cambiaron la historia de la música popular y se convirtieron en un auténtico fenómeno social, dando lugar a lo que conocemos como «beatlemanía».

A finales de los setenta dejó de existir un estilo pop predominante y se dio paso a un amplio abanico de tendencias. En los años ochenta, como consecuencia de la incorporación de instrumentos electrónicos y otros aparatos generadores de sonidos, surgió la música electrónica, de la que derivan estilos como el **house** o el **techno.**

A finales de los ochenta y ya en los noventa, surge una corriente musical al margen de las discográficas. Se la conoce como **indie pop,** y aúna gran cantidad de subestilos, siendo uno de los más conocidos el **grunge.**

Escucha En la clase

Thriller, de Michael Jackson

1 **Escucho, pienso, me pregunto.** Escucha atentamente y escribe en tu cuaderno si son verdaderas o falsas las siguientes afirmaciones:

a) La forma musical se basa en la sucesión de estrofas y estribillos.

b) La forma musical se basa únicamente en sucesión de estrofas.

c) Aparece una melodía instrumental, a modo de ostinato, que aparece en muchas ocasiones a lo largo de la composición.

2 Escucha la canción y concéntrate en retener la melodía que más se repite y que da título a la audición; ¿serías capaz de tararearla? Pon tu respuesta en común y reflexiona sobre su estilo pegadizo característico de la música pop.

Comprende, piensa, aplica...

2 Busca en el banco de recursos de anayaeducacion.es la información relacionada con la aparición del videoclip. Después, responde en tu cuaderno: ¿cuál es considerado el primer videoclip de la historia?

3 Haz una lista con los tres videoclips que más te gustan y compártela con la clase.

Comprende, piensa, aplica...

4 Observa el siguiente organizador gráfico sobre la música rock y pop en España. Cópialo en tu cuaderno y complétalo.

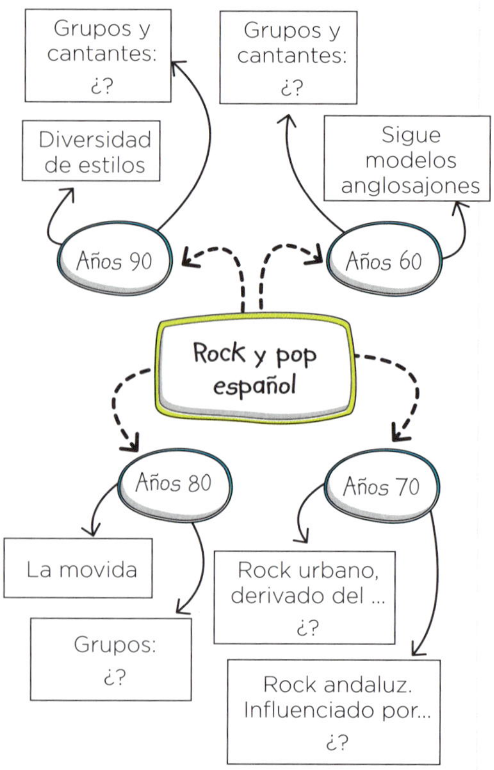

5 El rock y el pop español

El pop y el rock en España comenzaron en los años 60 siguiendo el modelo de los grupos anglosajones. Destacaron grupos que incluso alcanzaron éxito internacional, como Los Bravos o los Pop Tops, y cantantes como Miguel Ríos.

En los años 70, surgen dos corrientes de rock que dominarán el panorama musical: el **rock andaluz,** influenciado por el rock sinfónico y el flamenco, representado por Triana, Alameda o Medina Azahara; y el **rock urbano**, derivado del hard rock y del heavy metal, con grupos como Asfalto, Leño o Burning.

En la década de los 80, el pop alcanzó su mayor esplendor. La influencia del estilo punk y de la new wave provocó la aparición del movimiento llamado **La movida,** conformado por un gran número de grupos como Alaska y los Pegamoides, Nacha Pop, Radio Futura, Los Secretos, Gabinete Caligari, Mecano, Loquillo y los Trogloditas...

A partir de los años 90, el panorama musical español se caracteriza por la gran diversidad de estilos: pop, rock, hip-hop, heavy metal..., destacando grupos como Mago de Oz, Dover, Ketama, La oreja de Van Gogh, Amaral, El canto del loco, El último de la fila; o solistas como, por ejemplo, Alejandro Sanz, Miguel Bosé, Álex Ubago, Manolo García, Mala Rodríguez...

Escucha En la clase

La chica de ayer, de Nacha Pop.

1 Escucha atentamente la canción e identifica dos instrumentos que aparecen en ella. Indica si está escrita en un ritmo binario o ternario.

3 **Interpretación compartida.** Compara la imagen de un concierto de Nacha Pop con la imagen de cualquier concierto de hoy día. Escribe en tu cuaderno las semejanzas y diferencias en relación con el vestuario, los instrumentos utilizados, el escenario, etc.

La chica de ayer, del grupo Nacha Pop, es uno de los temas más emblemáticos de «La movida».

6 La canción de autor

La canción de autor es aquella compuesta por un músico solista que escribe tanto la letra como la música de sus propias canciones. Durante los años 60 y 70 fue denominada **canción protesta.**

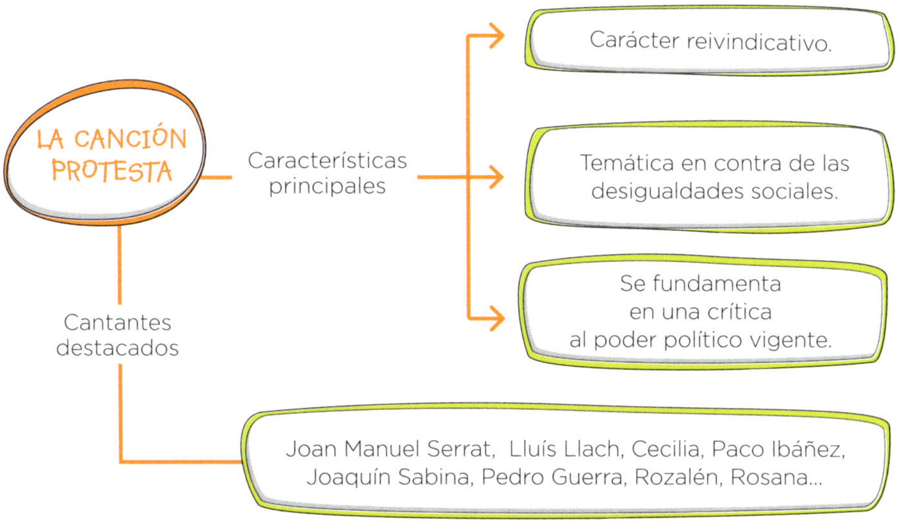

¿Sabías que?...

Lluís Llach, cantautor catalán, destacó por su compromiso, tanto a nivel musical como intelectual, con la sociedad y con los problemas de su tiempo. El autor manifestó una postura enfrentada a la dictadura franquista.

En 1968, compuso *L'estaca.* Esta canción supuso un llamamiento a la unidad popular, para conseguir el objetivo último, que es la libertad.

Joan Manuel Serrat y Joaquín Sabina

Rozalén

Escucha En la clase

L'estaca, de Lluís Llach.

1 Escucha atentamente la audición y contesta en tu cuaderno: la composición, ¿tiene una forma interna basada en la sucesión del tema A, —estrofa—, y tema B, —estribillo—? Comparte la respuesta con tu compañero o compañera.

2 **Mesa redonda.** Escucha las primeras estrofas y responde en tu cuaderno a las siguientes cuestiones:

a) Indica a qué puede referirse el autor en la siguiente frase: «¿No ves la estaca a la que estamos todos atados?».

b) ¿Crees que esta canción influyó en algún hecho histórico?

Comprende, piensa, aplica...

5 Escribe dos listas de reproducción (playlist) con diez canciones de al menos tres cantantes o grupos musicales españoles de música moderna.

6 Comparte con los demás las listas de reproducción que hayas realizado.

TALLER DE INSTRUMENTOS

Instrumentos electrófonos

Nos situamos

Los instrumentos electrófonos son aquellos en los que el sonido se genera mediante circuitos o corrientes eléctricos. Todos estos instrumentos necesitan ser conectados a un amplificador o a una mesa de mezclas con amplificación para ser escuchados.

Tipos y funcionamiento

Cada instrumento electrófono tiene un mecanismo distinto de producción del sonido. Algunos de ellos son:

INSTRUMENTOS ELECTRÓFONOS

- **Batería electrónica**: Formado por unas placas que al percutirlas activan un generador interno, que hace que suene la batería.
- **Bajo**: Cuatro cuerdas y sonido más grave que la guitarra eléctrica (una octava más grave).
- **Sintetizador**: Teclado cuyas teclas, al ser presionadas, activan un generador electrónico de sonidos nuevos.
- **Sampler**: Teclado que imita el sonido de cualquier instrumento. Permite grabar sonidos y reproducirlos nota a nota.
- **Guitarra eléctrica**: Seis cuerdas cuya vibración es convertida en una señal eléctrica gracias a unas pastillas (bobinas).

Escucha ▶ En la clase

1 Escucha una guitarra acústica y una guitarra eléctrica.

2 Comenta con tus compañeras y compañeros las diferencias que observas.

Prepárate para la Sala de ensayo...

Elementos de la música	Ritmo, melodía, armonía
Armonía	Modos, escalas modales
Altura	Nota alterada: do ♯
Duración	
Timbre	Instrumentos electrófonos
Compás	Subdivisión ternaria: 6/8 9/8 12/8
Estilos	Jazz

En el banco de recursos de anayaeducacion.es, dispones de los audios para realizar estas actividades.

SALA DE ENSAYO

En los compases de subdivisión ternaria, los pulsos son divisibles en tres figuras iguales; por ejemplo, tres corcheas. Se indica con un 8 en el denominador (símbolo de la corchea) y 6, 9 o 12 en el numerador.

Con figuras y con notas

1 Interpreta con números, en lugar de sílabas rítmicas, el fragmento siguiente. Recuerda que las tres figuras tienen la misma duración.

2 Interpreta el ritmo con silencios de corchea. Después, hazlo con un instrumento de percusión, acompañándote de una base rítmica.

3 Interpreta los fragmentos sobre una base rítmica con un instrumento electrófono, la flauta o tu propia voz.

Modo re dórico

Modo mi frigio

Modo fa lidio

Modo sol mixolidio

Improvisa y crea con… el sintetizador

4 Investigad en grupo los diferentes timbres que se pueden interpretar con el teclado de vuestra aula. Escoged uno e improvisad sobre la base rítmica en modo re dórico jugando, sobre todo, con las notas la, si, do y re.

TALLER DE INTERPRETACIÓN

Música jazz

Nos situamos

La partitura que vas a interpretar es un conocido tema de jazz en **modo dórico.** En esta versión, la melodía está tocada por la guitarra y acompañada por la caja tocada con escobillas, un plato y un contrabajo, tocando *pizzicato.*

Prepara la interpretación

1 Observa el término **Atresillar** sobre la partitura. Es una característica del estilo jazz. Nos informa de que las corcheas no se interpretan como se escriben, sino de esta manera:

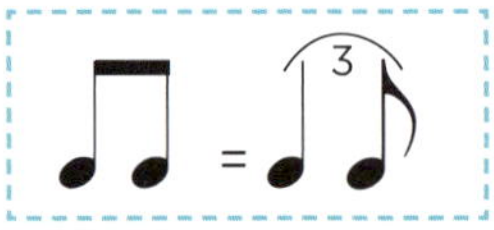

2 Escucha la audición mientras suena la línea melódica y comprueba lo dicho anteriormente cada vez que encuentres corcheas.

3 Dicha melodía consta de tres frases similares de ocho compases, como las de un blues en compás ternario.

4 Escucha de nuevo la audición poniendo atención en la partitura inferior, que corresponde a las notas del bajo. Vas a tener que alternar baquetas cruzando; imagínalo mientras escuchas.

5 Comprobarás que la partitura se lee tres veces. Turnaos para improvisar sobre la segunda de ellas utilizando todas las notas de las láminas, sin alteraciones, por ser sonidos del modo re dórico. De la misma manera lo podéis hacer con la flauta.

Si tocáis sin el audio de fondo, podéis improvisar tantos compañeros y compañeras como hayáis decidido previamente, en un orden fijado.

6 Pon atención a las dinámicas en la partitura, en este caso ***mf***.

7 Interprétala con la flauta o las láminas una primera vez, lentamente, atendiendo a dichos matices. Después, prueba a tocarla sobre la audición a su tempo correspondiente.

8 Puedes acompañar, además, con una guitarra o un teclado con los acordes que indican los **cifrados.**

9 Después de haber interpretado la partitura, indica cómo te has sentido. Enumera las dificultades con las que te has encontrado.

Escucha y practica la partitura en el banco de recursos en anayaeducacion.es.

Escucha En la clase

Footprints, Wayne Shorter

A A (improvisación) A

Escucha, aprende e interpreta.

Plato

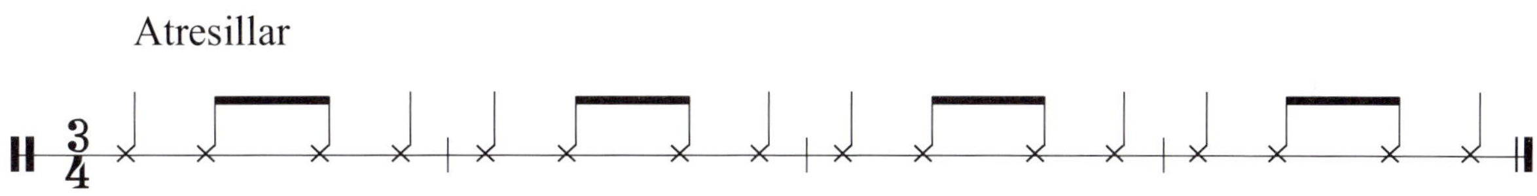

Flauta
Met. soprano/alto

Xil. bajo
Met. bajo

En clave musical

HOY TOCA... LOS ELECTRÓFONOS

1 Observa los siguientes instrumentos electrófonos. Asigna el nombre que corresponda a cada una de las imágenes.

2 Rompecabezas. Formad seis grupos y asignad a cada uno un instrumento electrófono. Buscad información en la Red sobre el instrumento elegido y explicad al resto de grupos el origen y las características de este.

1. Bajo eléctrico
2. Guitarra eléctrica
3. Violín eléctrico
4. Batería electrónica
5. Sintetizador
6. Piano eléctrico

MUNDO DIGITAL

LA MEZCLA FINAL

1 La mezcla final la suele efectuar la persona que se encarga de la producción o la que desarrolla la parte técnica del sonido. Lee en el banco de recursos de anayaeducacion.es la información sobre estas profesiones. ¿Te gustaría dedicarte a la producción musical o a la ingeniería de sonido? Comparte tus impresiones con el grupo.

Para elaborar un disco, después de grabar mediante un sistema multipistas, la persona encargada de la producción o de la ingeniería de sonido realiza la mezcla.

Hay que dar a cada pista el volumen necesario para que todo quede equilibrado: la voz solista debe estar más presente; los acompañamientos, más suaves...

La mezcla se puede grabar en un ordenador para editarla, y poder introducir diversas modificaciones: añadir efectos, mezclarla con otros instrumentos, etc.

TRABAJA CON LO APRENDIDO

Comprueba

1 Señala cuáles son las diferencias entre el blues rural y el blues urbano.

2 Indica algunas características del estilo jazz.

3 Cita el nombre de dos ciudades importantes para la música jazz en la primera mitad del siglo XX.

4 Nombra cinco estilos que surgen de la evolución del jazz a partir de los años 30.

5 Detalla el origen del estilo rock and roll.

6 Nombra tres grupos españoles de la época de «La movida» de los años 80 y otros tres de los años 90.

7 Escribe el nombre de algunos grupos o cantantes solistas actuales de tu comunidad.

8 Si fueras un productor o una productora musical, ¿qué grupo o solista actual recomendarías a una compañía discográfica para que grabara su música?

9 Enumera los instrumentos electrófonos que conozcas.

10 Explica cómo funcionan un bajo eléctrico, un sintetizador y un sampler.

Practica

11 Interpreta con un instrumento de percusión los siguientes ejemplos en compás de subdivisión ternaria.

Experimenta y crea

12 Busca las siguientes canciones pop y observa la diferencia en la instrumentación y en el sonido de la grabación: *With a little help from my friends* (The Beatles) y *The Nights* (Avicii). Escríbelas en tu cuaderno.

13 Busca un tutorial y experimenta la técnica «tapping» en una guitarra eléctrica.

Investiga

14 En grupo, debate por qué, después de un declive del videoclip a finales del siglo XX, este ha vuelto a resurgir en el siglo XXI.

15 Investiga en Internet sobre el lenguaje «cheli», jerga juvenil callejera de «La movida». Anota en tu cuaderno una relación de las palabras y expresiones que hoy en día aún se emplean.

8

SONIDOS DE RAÍZ

La tradición es todo aquello que conformó la cultura de nuestros predecesores y que ahora estamos obligados a estudiar, fijar y transmitir a las generaciones que nos sucedan. Es la tierra sobre la que arraigan nuestras raíces y debemos cuidarla y transferirla, de forma indefinida.

También la tradición se puede comparar con el testigo que se pasan los corredores o las corredoras en una prueba de relevos. Es un elemento fundamental en la carrera y ha de ser entregado y recibido con todo el cuidado para que no se pierda y poder continuar con la prueba.

Prepárate para...

- **Conocer** las características de la música de tradición oral.
- **Explorar** diferentes tipos de cantos, danzas y representaciones tradicionales.
- **Descubrir** cómo surgió el flamenco y cuáles son sus características.
- **Practicar, improvisar** y **crear** con el lenguaje musical.
- **Interpretar** en grupo una melodía folk.
- **Descubrir** los instrumentos tradicionales.

REFLEXIONA Y DEBATE

1 La expresión de la alegría o el dolor forma parte de los acontecimientos festivos o tristes de la gente del pueblo. ¿Puedes aportar algún ejemplo que conozcas?

2 Señala alguna razón por la que el flamenco ha asombrado incluso a los más entendidos.

3 ¿Crees que todas las personas deberían conocer y amar el legado de la tradición? ¿Por qué?

4 ODS ¿Crees que la creciente despoblación del medio rural ha podido influir en que gran parte de la música tradicional haya quedado relegada a las personas que se dedican a la investigación del folclore? ¿Ves alguna otra causa?

ODS **anayaeducacion.es** Consulta el vídeo de la **Meta 2.3b.**

LA MÚSICA TRADICIONAL

1 Características de la música tradicional

La música tradicional, según sea su procedencia, puede clasificarse en música de tradición escrita o de tradición oral. Esta última es la que vamos a estudiar.

Es anónima y se transmite de generación en generación

Suele ser colectiva y asociada a lo cotidiano (ritos, trabajo, celebraciones...)

Elementos musicales

La riqueza diversa del folclore se aprecia tanto en la temática de sus letras como en sus ritmos, instrumentos y melodías. Encontramos elementos comunes a casi todas las comunidades autónomas, pero no debemos olvidar que en cada región hay unos elementos diferenciadores que dan un toque peculiar a la música de dicha zona.

La canción con estrofa y estribillo, que en música popular se denominan **copla y refrán,** es la forma musical más empleada. Son también importantes los **romances,** narraciones estróficas (sin refrán o estribillo).

Las **escalas básicas** más presentes en las melodías tradicionales son:

ESCALAS BÁSICAS
- Modales → Similar a la escala dórica o mixolidia.
- Modo frigio → Parten del modo frigio (mi) y añaden la tercera mayor.
- Diatónicos → Pueden ser mayores y menores.

Los gigantes y cabezudos son una tradición popular celebrada en muchas fiestas locales. Suelen desfilar junto con las charangas de músicos en los pasacalles.

Escucha En la clase

Pasacalles de Zamora, La Musgaña.

1 **Comprobamos.** Escucha y pon atención al ritmo. Comprobarás que resulta poco habitual, es un compás de siete pulsos (7/8).

2 Crea una melodía de cuatro compases utilizando un compás de 7/8.

2 Géneros de la música de tradición oral

Los géneros son los diferentes tipos en los que se puede clasificar la música tradicional según su función u origen. Los más habituales son:

- **Cantos del ciclo vital.** Están relacionados con los acontecimientos que suceden en las diferentes etapas de la vida: infancia, juventud, madurez.... Pueden ser de cuna, de ronda de enamorados, de boda...
- **Cantos de trabajo.** Con ellos se acompañan los trabajos cotidianos. Es el género con más variantes: de siega, de siembra, de arrieros, de vendimia, de marineros, de martinetes de fraguas...
- **Cantos de baile.** Acompañan el baile y la fiesta, y en ellos es importante el componente rítmico (palmas, castañuelas, panderetas...), el melódico (voz, dulzaina, gaita...) y, en ocasiones, el armónico (guitarras, laúdes, bandurrias...). Hay multitud de cantos de baile: la jota, el fandango, la seguidilla (comunes a varias comunidades), la muñeira, la sardana, las sevillanas, la folía, el bolero (de zonas específicas)...
- **Cantos religiosos.** Están relacionados con festividades y prácticas religiosas (villancicos, zambombas, saetas, mayos a la Virgen...).

Escucha En la clase

Canto de ronda (Estremera-Madrid), Manuel Luna y La Musgaña.

El canto de ronda lo realizan un grupo de jóvenes que recorren las calles de su localidad cantando canciones dirigidas a sus amados o amadas.

1 Escucha atentamente y escribe en tu cuaderno los nombres de algunos de los instrumentos que escuchas.

2 Escribe la letra de este canto en tu cuaderno, por versos, y subraya las sílabas que coinciden con el acento del compás.

Comprende, piensa, aplica...

1 Mapa mental. Después de leer sobre los géneros de la música de tradición oral y con la ayuda del organizador gráfico, responde en tu cuaderno a las cuestiones que se plantean.

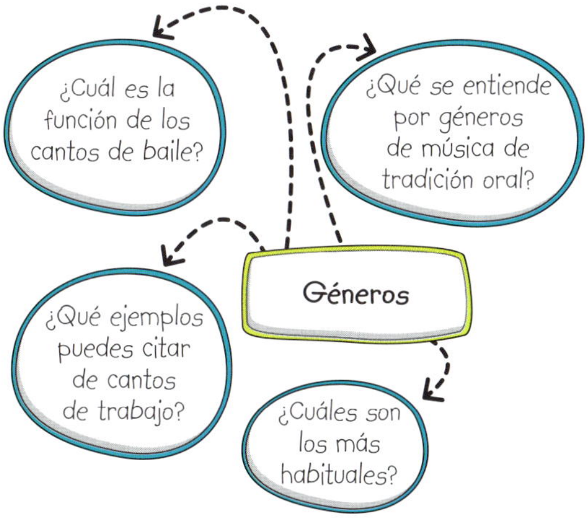

Comprende, piensa, aplica...

2 Piensa en la profesión de guitarrista en una banda de rock y debate en clase las semejanzas y diferencias que encuentres con respecto a los guitarristas o a las guitarristas de música tradicional.

3 Danzas y bailes

La danza, en los tiempos remotos, era un elemento imprescindible en los ritos guerreros y de fecundación. Se asociaba a la religión, la muerte, la agricultura, el clima, etc., además de practicarse por pura diversión. De este modo, dividimos las danzas tradicionales en rituales y de entretenimiento.

DANZAS TRADICIONALES

- **Entretenimiento**
  - Celebraciones y fiestas
    - Son habituales los bailes de compás ternario por su carácter alegre.
- **Rituales**
  - Religiosas
    - Se realizan dentro de un rito concreto: en honor de los santos, en ritos funerarios, etc.
  - Profanas
    - Se bailan en bodas, con cambios de estación, con las labores del campo...

Escucha En la clase

Jota valenciana, de Eliseo Parra.

1 Interpreta esta melodía con un instrumento melódico sobre la audición.

2 Crea un ritmo para acompañar la jota con percusión.

Danza de zancos en Anguiano (La Rioja).

Diversas danzas rituales

Son muy variadas y están presentes por toda nuestra geografía. Algunas de ellas son: las danzas de paloteo. las danzas de espadas, de escudos, de arcos, el baile del cordón o de cintas, etc.

Dentro de las danzas profanas destaca la de zancos riojana (relacionada con la agricultura; o la rosca salmantina o el pita y pon burgalés (ambas de bodas).

4 Representaciones

Existen diversos tipos de representaciones en función de su temática.

TIPOS DE REPRESENTACIONES

- **De tradición pagana**
  - Origen medieval. Representadas en teatros y corrales.
- **De tradición religiosa**
  - Ciclo de Navidad: autos de Reyes y autos de Navidad (también llamados *pastoradas*).
  - Ciclo de Pascua: *Drama de las Tres Marías* (sobre el tema de la Resurrección).
- **Misterios**
  - Piezas teatrales de temática religiosa (principalmente temas bíblicos).
  - Surgen como cantos monódicos en el siglo XV en el sur de Francia, Aragón, Valencia y Cataluña.
  - En el siglo XV los cantos de los misterios pasan a ser polifónicos.
  - El más conocido es el *Misteri d'Elx* (sobre el tema de la Asunción de la Virgen María).

Comprende, piensa, aplica...

3 Busca en la web de recursos de anayaeducacion.es la información relacionada con la representación del *Misteri d'Elx* y haz un esquema de sus características principales.

Momento de la celebración de la fiesta del *Misteri d'Elx* (Alicante).

5 El flamenco

El término «flamenco» se aplica a un tipo de cante, toque de guitarra y baile que se da fundamentalmente en Andalucía y en Murcia, e incluso en zonas de Extremadura y Castilla-La Mancha.

Por otra parte, la palabra «jondo», también dentro de lo flamenco, se refiere a algunos tipos clásicos de cante relacionados con la tradición, frente a otros más modernos y festivos.

Principales instrumentos del flamenco

Orígenes

El origen del flamenco es incierto: unas teorías mencionan una procedencia india o paquistaní a través del músico persa Zyrab, quien trabajó en la corte cordobesa en el siglo VIII; otras hablan del entorno árabe. Existen opiniones que entroncan el flamenco con antiguos cantos litúrgicos hebreos y bizantinos; y los hay que piensan que los gitanos lo trajeron de Oriente.

Pudiera ser, también, que el flamenco surgiera poco a poco a partir de una serie de influencias que dieron fruto en Andalucía. Esta zona ha sido tradicionalmente lugar de tránsito de diversas culturas musicales, siendo su legado más fuerte el de procedencia oriental.

Posteriormente, los gitanos afincados en esta región adoptarían la labor de cultivarlo y extenderlo.

Elementos del flamenco

- La **cadencia andaluza,** o flamenca, consiste en la armonización de las cuatro primeras notas en sentido descendente de un modo frigio. El acorde de tónica, en el que termina esta progresión, no es una tríada, sino que contiene un intervalo de 9.ª menor, que le infiere su sonoridad frigia.

  La armonía del flamenco no cuenta solo con los acordes de esta cadencia, sino que es mucho más rica y compleja. Tiene un origen mediterráneo, probablemente fenicio o griego, y se puede escuchar en músicas de varios países de esta zona del globo.

- Las **escalas** del modo frigio y del frigio con 3.ª mayor son las que, combinadas, conforman las melodías flamencas. Estos modos suenan indiscutiblemente como los de Oriente, de la música india o árabe.

  Otra peculiaridad de la melodía flamenca es el uso de las notas afinadas a distancia más corta que el semitono (microtonos), que suenan como inflexiones melódicas muy expresivas.

- El **ritmo** es el elemento más llamativo de la música flamenca. Se caracteriza por la acentuación interna del compás (casi siempre ternario), que no suele ser regular, como estamos acostumbrados a escuchar en el resto de la música occidental.

  Observa a continuación un ritmo típico de bulerías.

Comprende, piensa, aplica...

4 **Preguntas provocadoras.** ¿Existe una teoría generalizada sobre el origen del flamenco o hay varias versiones? ¿Dónde se cree que están los orígenes del flamenco?

Los palos flamencos

Los estilos, en el lenguaje de la música flamenca, se denominan **palos.** Se diferencian entre sí por la manera concreta en que la guitarra toca la cadencia andaluza entre otros acordes, y por el aire y ritmo con que se entonan las estrofas del texto; estas, a su vez, adoptan diferente compás según el palo.

Dentro de un palo hay varias partes: las **coplas** cantadas, que pueden ir alternadas con **falsetas** del guitarrista. Precediendo a todo, junto con unos acordes de la guitarra (presentando el palo), puede estar la vocalización típica del cantaor sobre la expresión «¡ay!».

Son muchos los palos flamencos: soleás, bulerías, tientos, granaínas, tarantos... Entre todos ellos, se consideran la toná, la soleá, la seguiriya y el fandango como los palos de los que han ido surgiendo los demás.

Hay otros cantes que no contienen la cadencia andaluza del modo frigio, sino que se basan en la tonalidad mayor, entre ellos están las alegrías.

Escucha En la clase

Bulerías, popular.
Alegrías, popular.

1 Escucha atentamente las bulerías y experimenta el color sonoro del modo frigio. Sigue el compás y los acentos del ritmo de bulerías indicados en la partitura anterior.

2 Escucha las alegrías y experimenta la sonoridad de la tonalidad mayor.

3 ¿Qué emociones has experimentado mientras escuchabas estas audiciones? ¿Escucharlas te eleva el estado de ánimo? Comparte tus impresiones con el grupo.

Comprende, piensa, aplica...

5 Formad seis grupos y elegid una de las siguientes mujeres que tuvieron presencia importante en el flamenco: *La Perla de Cádiz, Pastora Imperio, La Argentinita, Carmen Linares, La Niña de los Peines* y *Carmen Amaya.*

Investigad y haced una presentación en la que incluyáis junto con la información, fotos, dibujos, documentos sonoros, etc. Después, exponed las presentaciones ante el resto de la clase.

El acompañamiento en el flamenco lo conforman la guitarra y el palmeo, aunque, a veces, se pueden introducir otros instrumentos, como el cajón. En la imagen, Estrella Morente.

TALLER DE INSTRUMENTOS

Instrumentos tradicionales

Nos situamos

Cada comunidad tiene sus instrumentos característicos, a menudo iguales o similares, pero con diferente nombre. Observa la siguiente tabla en la que se nombran algunos de los instrumentos tradicionales más característicos.

PERCUSIÓN		CUERDA	VIENTO
Idiófonos	Membranófonos		
Castañuelas Tejoletas Hueseras Almirez Sartén Cucharas Botella de anís Cascabeles	Pandero Pandero cuadrado Pandereta Tambor Tamboril (Tabal) Zambomba	Guitarra Zanfona Rabel Guitarrón Guitarrico Bandurria Laúd Chicotén	Gaita de fuelle Flauta de tres agujeros: • Gaita charra • Pito zamorano • Flauta rociera Dulzaina (Dolçaina, Flauta del Graus)

Agrupaciones

- **Dúos de viento y percusión.** En algunos lugares son típicos la dulzaina y el tamboril, como en Castilla y León o La Rioja (dolçaina y tabalet, en Valencia); en otros, el chiflo y el chicotén, como en Aragón; o la flauta de tres agujeros y el tamboril, que se encuentran en varias comunidades.
- **Rondallas.** Son grupos de instrumentos de cuerda pulsada con púa, guitarras, laúdes, bandurrias y mandolinas, a menudo acompañados de voces. Además, pueden participar el guitarrón, el guitarrico o el timple canario.

Otras agrupaciones muy conocidas son los **grupos de gaitas** (Asturias, Galicia, Aragón, Cataluña), la **rondalla de Verdiales** (Málaga), los **coros de campanilleros** (Sevilla), las **agrupaciones carnavalescas** (Tenerife y Cádiz) y los **grupos de panderetas** (Galicia y norte de Castilla y León).

Escucha ▶ **En la clase**

1 Escucha varios instrumentos del folclore y conoce cómo es su sonido.

Prepárate para la Sala de ensayo...

Elementos de la música	Ritmo, melodía, armonía
Duración	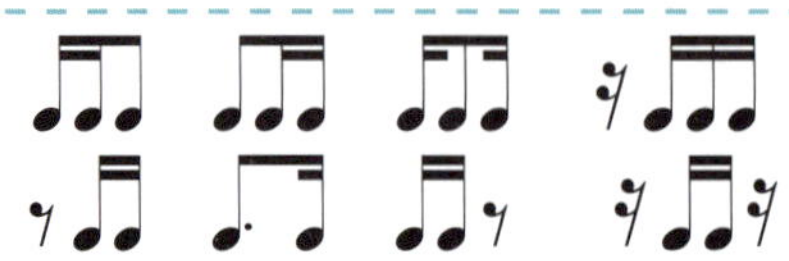
Timbre	Instrumentos del folclore
Lectoescritura	Anacrusa

En el banco de recursos de anayaeducacion.es, dispones de los audios para realizar estas actividades.

SALA DE ENSAYO

Observa las figuraciones realizadas con diversas combinaciones de **semicorcheas** dentro de un pulso. Sigue el proceso indicado para practicar su interpretación.

Ti ri-ti ri
1 2 3 y

Con figuras y con notas

1 Marca pulsos del fragmento siguiente a un tempo medio-lento. En lugar de sílabas rítmicas, pronuncia los números del 1 al 4 como si fueran semicorcheas. El cuatro sustitúyelo por la letra «y».

1

Un, tres y un, tres y

2

Un, dos tres un, dos tres

2 Continúa el proceso con estos fragmentos. En los silencios, suprime el número correspondiente, pero mantén bien el ritmo sin perder el pulso.

1

tres y tres y

2

un dos y un dos y

3 Interpreta los fragmentos siguientes con sílabas rítmicas y con percusión, sin perder el pulso. Puedes utilizar una base rítmica.

1

ti ti - ri ti ti - ri ti ti

2

ti -ri ti ti - ri ti -ri ti ta

4 Toca los fragmentos siguientes con un instrumento melódico sobre una base rítmica. Atiende a las figuraciones rítmicas y a la articulación.

Improvisa y crea con... los instrumentos tradicionales

5 En grupos, tocad los ritmos según se indica. Después, por turnos, cada miembro del grupo improvisa mientras el resto sigue tocando.

Almirez

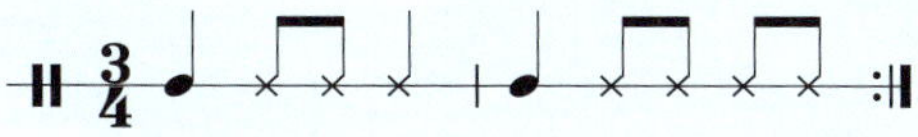

Sartén/Triángulo

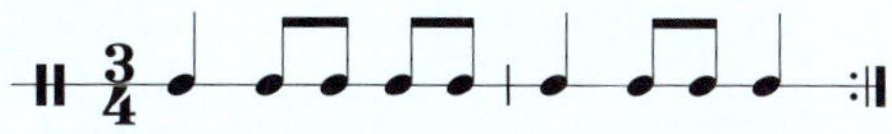

Pandereta

Pandero

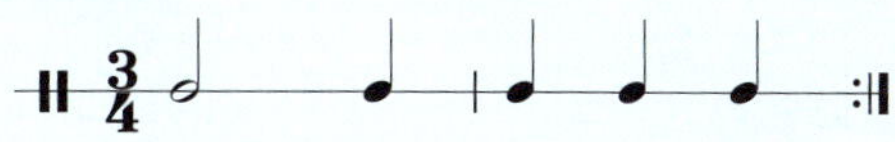

TALLER DE INTERPRETACIÓN

Música folk

Nos situamos

La partitura que vas a interpretar está inspirada en ritmos y melodías de origen irlandés.

Prepara la interpretación

1 Antes de la interpretación revisa la forma escrita poniendo atención en los signos de repetición y la indicación de final con la palabra italiana **Fine.**

2 Escucha la audición mientras sigues la partitura. Analiza la **textura** sonora que crea la suma de instrumentos que interpretan a la vez.

3 Observa que la melodía comienza en **anacrusa** (nota o grupo de notas que se encuentran antes del primer compás de la obra).

4 Pon atención a las dinámicas en la partitura. En la primera sección, A, te indican que has de tocar forte (***f***) y en la segunda, B, mezzo forte, (***mf***).

5 Formad grupos rotativos para tocar los instrumentos de percusión y tres grupos para tocar con láminas y/o flauta la partitura de la página contigua. Puedes sustituir el triángulo por una sartén o un almirez, y el pandero por un pandero cuadrado o tambor.

Acantilados de Moher en el condado de Clare (Irlanda)

Escucha En la clase

Miranda en Irlanda, Eva G. Gancedo

I (A A B B) ×2 A A

Escucha, aprende e interpreta.

En clave musical

HOY TOCA... EL FOLK

1 Compara los cinco instrumentos de folk que aparecen en las imágenes. Escribe las semejanzas y diferencias con respecto a la manera de obtener el sonido, a la tipología del instrumento y al material con el que está construido. Ponlas en común con tus compañeros y compañeras.

TALLER DEL LUTIER

CONSTRUYE UN MONOCORDIO

El monocordio es un instrumento antiguo de una sola cuerda situada sobre una caja de resonancia larga y estrecha. Está basado en el principio de que la cuerda tensada puesta en vibración cambia de nota si cambia la longitud vibrante. Una clavija en el instrumento permite alargar o acortar la cuerda. Se toca con un plectro o con los dedos.

Necesitas

- Cuerda resistente.
- Trozo de contrachapado.
- Un tornillo y una escarpia.

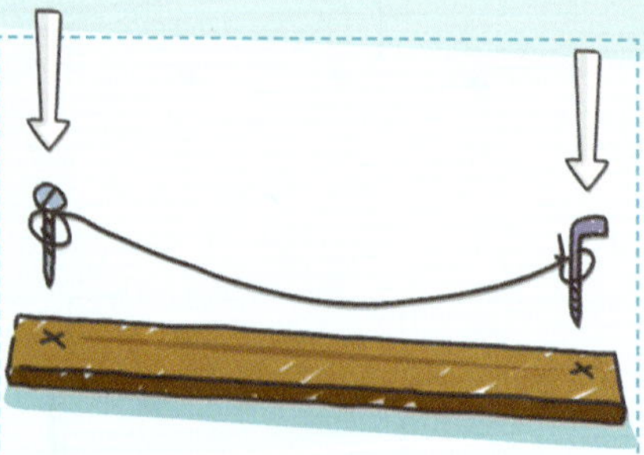

Fija el tornillo a un lado del listón y átale un extremo de la cuerda. Fija la escarpia en el lado contrario y enróllale el otro extremo de la cuerda.

Tensa la cuerda girando con cuidado la escarpia hasta conseguir una nota clara. Coloca la pieza de contrachapado entre la cuerda y el listón.

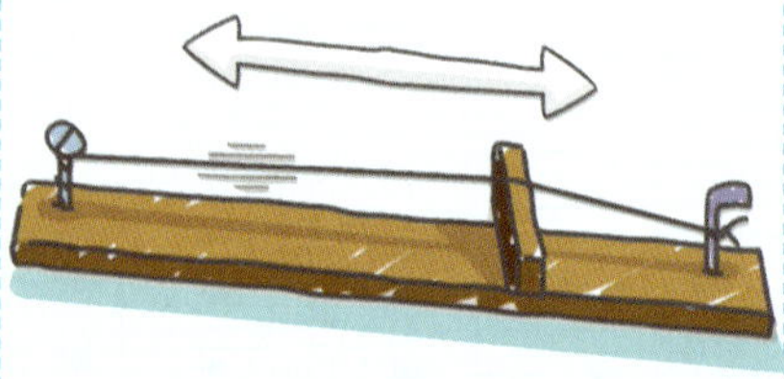

Por último, comprueba que cambia la nota si cambias el contrachapado de lugar y... ya tienes tu monocordio listo para tocar.

TRABAJA CON LO APRENDIDO

Comprueba

1 Escribe los nombres de los tipos de cantos de trabajo de la música tradicional.

2 Crea una tabla de doble entrada y escribe, en la primera columna, los tipos de agrupaciones de la música tradicional y, en la segunda columna, los instrumentos que componen cada una de ellas.

3 Explica cuál es el origen del nombre «danzas rituales».

4 En una tabla organiza los tipos de representaciones escénicas religiosas que has estudiado y su significado.

5 Contesta a la pregunta planteada por Hipólito Rossy: «Si el cante jondo es judío, árabe o gitano, ¿por qué no cantan flamenco los hebreos de Alemania o Norteamérica, los gitanos de Hungría o los árabes de Arabia...?».

6 Indica la diferencia entre el modo frigio y el frigio mediterráneo.

Practica

7 Lee e interpreta el siguiente patrón rítmico con percusión corporal.

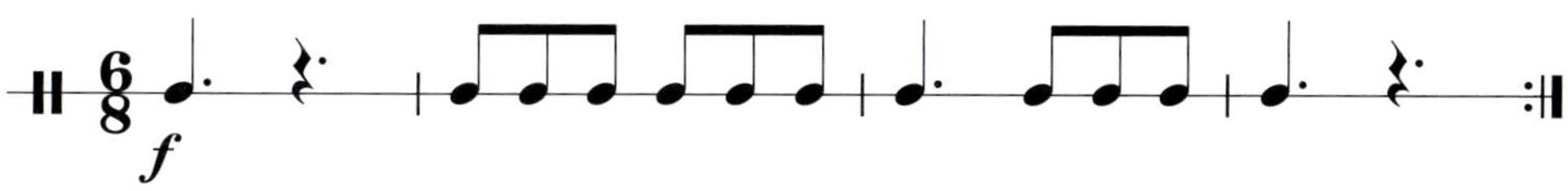

Experimenta y crea

8 Cronometra el tiempo que tardas en decir, correctamente, los nombres de las notas siguientes. ¿Puedes intentarlo varias veces reduciendo aún más ese tiempo?

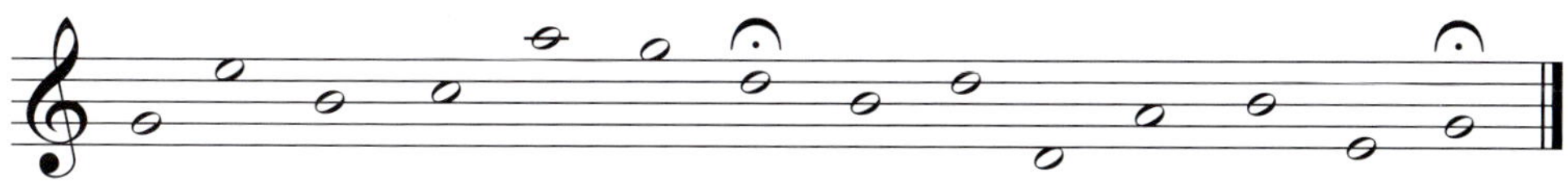

9 Copia en tu cuaderno el pentagrama de la actividad anterior y crea, con las notas propuestas, tu propia melodía; decide el compás y las figuras.

10 Escribe en tu cuaderno dos ejemplos rítmicos de cuatro compases cada uno; uno en compás binario y el otro en compás cuaternario. Para ello utiliza las agrupaciones de figuras dentro de un pulso vistas en esta unidad. Después, interprétalos con un instrumento de percusión.

Investiga

11 En grupos, llevad a cabo la investigación de uno de estos dos temas: a) las agrupaciones musicales de la fiesta de Verdiales, de Málaga; y b) las agrupaciones de pandereteiras gallegas y castellano-leonesas. Organizad la información y compartidla con el grupo.

TU REVISTA DE MÚSICA

COMPÁS ANDALUZ

El flamenco

- El arte flamenco
- La difusión
- La agrupación flamenca
- El cante y los estilos
- Los temas de los cantes
- El toque
- El baile

ANAYA

EL ARTE FLAMENCO

El flamenco es un estilo musical que se manifiesta a través de tres formas de expresión: el cante, el toque y el baile.

El flamenco es un arte universal.
La UNESCO, en 2010, lo declaró Patrimonio Cultural Inmaterial de la Humanidad.

Es decir, hoy día se considera que pertenece a la humanidad y como tal ha de ser valorado y protegido por todos.

La UNESCO define el flamenco como «un signo de identidad de numerosos grupos y comunidades, sobre todo, de la comunidad étnica gitana que ha desempeñado un papel fundamental en su evolución».

EL NACIMIENTO

Para entender el nacimiento del flamenco, hay que imaginar la baja Andalucía del siglo XV, la franja que mira al Atlántico desde Cádiz hasta Sevilla. Allí convivían y se fusionaban diversas culturas y tradiciones musicales: diferentes formas de cantar y de bailar, nuevos instrumentos, nuevos sonidos, etc.

Sin duda, la huella multicultural dejada allí por los cantos árabes y bizantinos, las salmodias judías, las canciones mozárabes y la carga dramática de la expresión artística del pueblo gitano, ha ido configurando, con fuertes raíces, un arte único en el mundo cuyo autor es el pueblo.

Como resultado de esa fusión, que durante siglos ha ido evolucionando, surge lo que hoy conocemos como flamenco. Ese proceso ha definido sus características, sus rasgos y su propio lenguaje.

LOS PRIMEROS PASOS

El comienzo del flamenco no se puede precisar con certeza por falta de documentos. Según las investigaciones históricas, comienza su andadura a finales del siglo XV, aunque no es hasta mediados del XVIII cuando se encuentran las primeras noticias de su existencia. Se describe como una música popular asociada a la fiesta en las reuniones familiares y al entretenimiento en las ventas (antiguos hospedajes para los viajeros).

El flamenco se transmitía por tradición oral.

Se aprendía y se practicaba en el ambiente familiar y local de los barrios más pobres de Cádiz (La Viña y La Santa María), de Jerez (Santiago y San Miguel), de Granada (Sacromonte), de Sevilla (Triana y Macarena) y de Málaga (La Caleta y El Perchel).

EL PUEBLO GITANO

Tomasa Guerrero, *la Macanita*.

- **Lee y explica** la siguiente afirmación:

El flamenco no habría brotado
sin la influencia del pueblo gitano,
pero sin la cultura propia de Andalucía
el flamenco, como tal, tampoco habría despuntado.

- **Entra** en la página web gitanos.org, de la Fundación Secretariado Gitano, y localiza la sección de música.
- **Haz** un listado con dos cantaores, dos bailaores y dos tocaores gitanos. Procura seleccionar, en cada caso, un hombre y una mujer.
- **Escoge** uno, **elabora** una breve biografía y **explica** su principal aportación al flamenco.

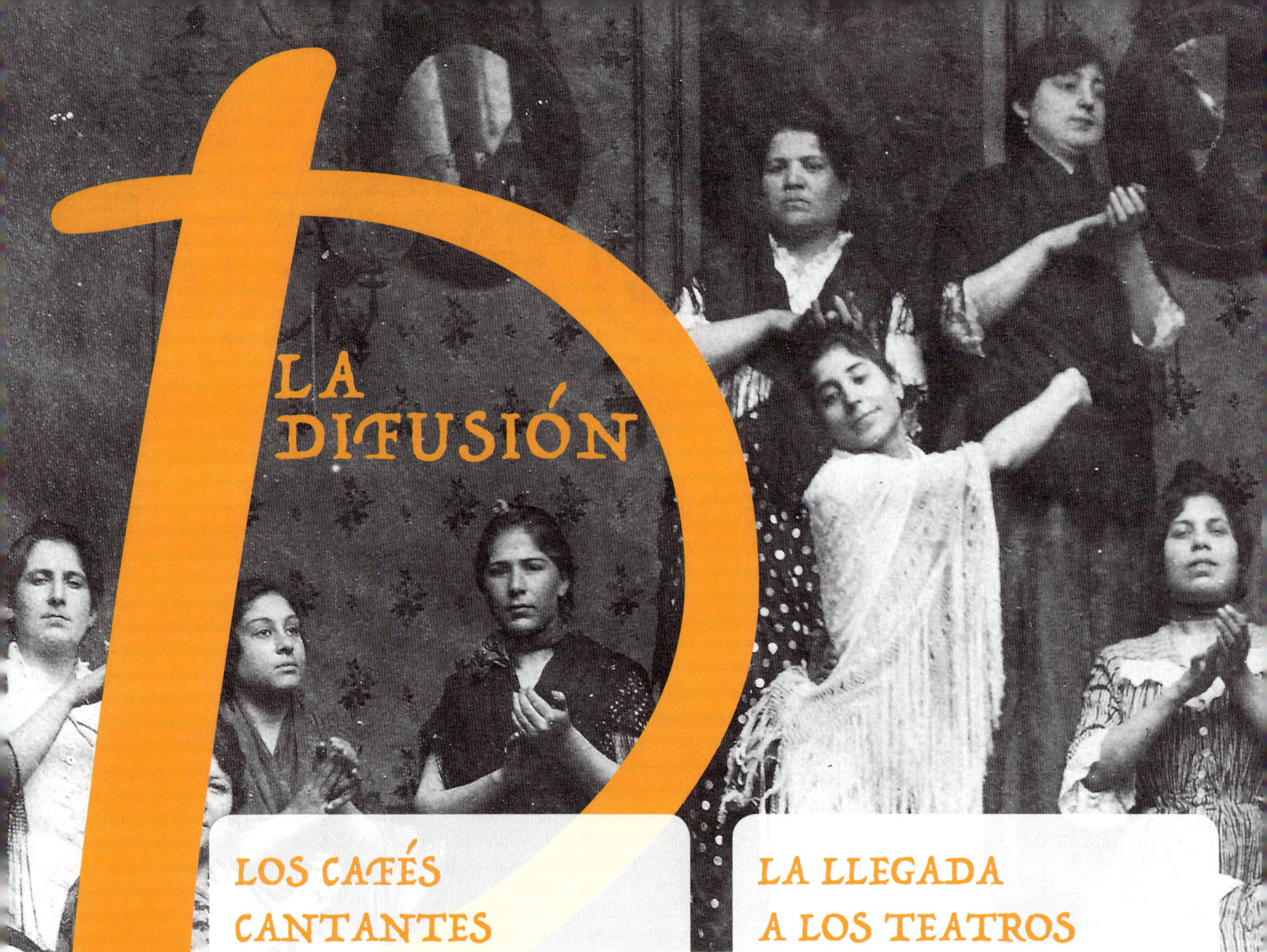

LA DIFUSIÓN

LOS CAFÉS CANTANTES

En los inicios del siglo XIX, el flamenco se hace más popular y comienza a estar presente, también, en las ferias. Este hecho favorece su difusión y amplía sus fronteras.

Más tarde, hacia la mitad del siglo, el flamenco continúa su evolución como un espectáculo público que se ofrece en los cafés cantantes, lugares de ocio con actuaciones de baile, cante y toque sobre un escenario.

De esta época ya existen referencias históricas y noticias, donde se observa la profesionalización de los artistas. Destacan El Planeta y Silverio Franconetti en el cante; el Faíco y la Macarrona, en el baile; y José Patiño, en el toque de la guitarra.

Se conoce este período con el sobrenombre de la Edad de Oro del flamenco, a la que siguió la llamada Ópera Flamenca (1920-1950).

LA LLEGADA A LOS TEATROS

Durante la primera mitad de siglo XX, el flamenco sigue avanzando y se convierte en un espectáculo comercial para el gran público. Los cafés cantantes tienden a desaparecer y son los teatros los principales espacios donde se interpreta el flamenco.

El arte se profesionaliza. Ya no solo se aprende en familia, con su pureza y su espontaneidad, sino, también en las primeras escuelas de flamenco.

Destacaron entonces en el cante Antonio Chacón, Pepe Marchena y la Niña de los Peines; en el baile, Vicente Escudero, la Argentinita, Antonio el Bailarín y Carmen Amaya; y en la guitarra, Ramón Montoya, Niño Ricardo y Sabicas.

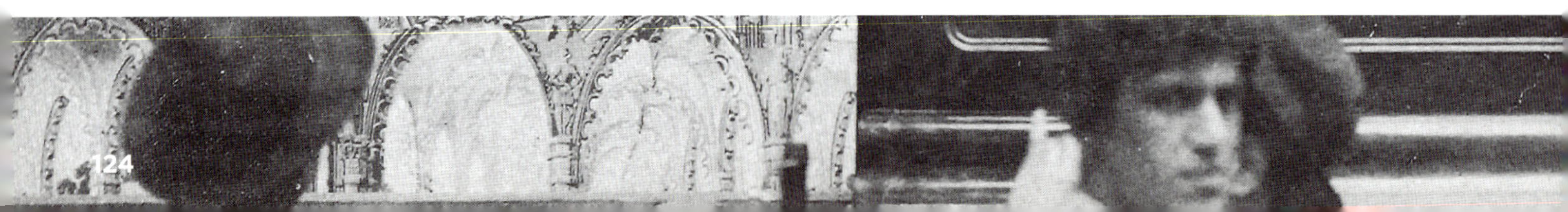

Café Cantante. Sevilla 1885.

LOS TABLAOS Y LOS FESTIVALES

Hacia la década de los años 50 del siglo XX el flamenco da un gran salto en su carrera hacia el arte universal. Se suceden una serie de hechos que marcarán su desarrollo y harán que se instale, por derecho propio, en los mejores escenarios del mundo.

Se crean los tablaos como continuadores de los cafés cantantes y se celebran numerosos certámenes y festivales que difunden el flamenco más allá de las fronteras de origen.

Además, el flamenco entra en el cine donde actúan grandes figuras de este arte. Destacan los maestros Manolo Caracol y Antonio Mairena. Otros artistas importantes son Juan Valderrama, Fernanda y Bernarda Utrera, la saga de los Sordera de Jerez, etc.

Desde entonces, no han dejado de surgir otros artistas ilustres como Camarón de la Isla, Enrique Morente, Carmen Linares, en el cante; Paco de Lucía, Manolo Sanlúcar, Juan Carmona Habichuela, Enrique de Melchor, Tomatito, Rafael Riqueni, Gerardo Núñez, Vicente Amigo, en el toque; y Antonio Gades, Mario Maya, Pepa Montes, Cristina Hoyos, Matilde Coral y Manuela Carrasco, en el baile.

Hoy día conviven artistas tradicionales con otros más innovadores. Todos ellos difunden el arte flamenco por todo el mundo: Estrella Morente, Miguel Poveda, José Mercé, Diego el Cigala, en el cante; Sara Baras, Eva Yerbabuena e Israel Galván, en el baile; y en la guitarra, jóvenes valores como Diego del Morao y Dani de Morón.

LAS TOCAORAS, LA MUJER EN EL TOQUE

En la imagen, la guitarrista sevillana Marta Robles.

- Desde el siglo XIX y, especialmente, desde los cafés cantantes en adelante, se conocen bien quiénes son las figuras más relevantes del flamenco. Se sabe quiénes son los grandes cantaores y cantaoras, los magníficos bailaores y bailaoras, y los ilustres tocaores. Sin embargo, conocemos menos la aportación de la mujer al toque.
- Mujeres tocaoras las ha habido, las hay y las habrá aunque todavía no hayan obtenido el reconocimiento que sí tienen sus iguales varones.
- **Elabora** una hipótesis explicando la razón por la que se desconoce la aportación de la mujer al toque flamenco.
- **Observa** la imagen de la tocaora y compositora Marta Robles. Reflexiona y comparte con el grupo tus impresiones respecto a la presencia de la mujer en el flamenco.

LA AGRUPACIÓN FLAMENCA

La agrupación flamenca, también llamada **cuadro flamenco,** es la denominación de la agrupación vocal e instrumental más representativa del flamenco. Incluye al menos a un cantaor, un bailaor y un tocaor. En cualquiera de los casos puede ser un hombre o una mujer.

EL DUENDE

Decía Lorca:

«El duende no está en la garganta:
el duende sube por dentro desde la planta de los pies».

El duende es ese algo especial que se manifiesta cuando la inspiración del intérprete nos provoca escalofríos. Es una magia misteriosa capaz de mover nuestros sentimientos más hondos y profundos.

- **Piensa y dialoga:** ¿has sentido el duende ante una actuación flamenca?

Enrique Morente y Pepe Habichuela

TRAS LA INTRODUCCIÓN DE LA GUITARRA...

... el cante despliega su melodía, llena de melismas, como expresión profunda del alma.

A continuación, se incorpora el baile y da comienzo el espectáculo.

Detrás y a los lados, los palmeros y las palmeras animan y jalean al son del compás.

El baile tiene su propio vocabulario de movimientos: zapateado, desplante, marcaje, paso, braceo...

Paco de Lucía

LAS MANIFESTACIONES

Las tres manifestaciones del flamenco, el cante, el toque y el baile, se conectan de una forma tan especial y única, que le ha llevado a ser lo que es hoy día, un patrimonio de la humanidad.

El cante

La voz puede ser voz laína (aguda y vibrante), voz redonda (tesitura media, dulce y armoniosa) y voz afillá (ronca y desgarrada).

El cante jondo caracteriza el flamenco.

Es el más genuino cante andaluz, de profundo sentimiento.

El cante participa en infinidad de estilos o palos:

- En el cante alante, el cantaor o cantaora es el protagonista acompañado del toque. El baile no participa.
- En el cante atrás, es el bailaor o bailaora el actor principal. La voz y el toque quedan en segundo plano.

La voz debe templarse para lograr la afinación. Para ello, al inicio de la actuación, el cantaor realiza los ayeos y quejíos con el uso de melismas. Mientras:

- El tocaor o tocaora acompaña dando los tonos con la falseta. La falseta es la pieza que introduce el cante y muestra la habilidad del guitarrista;
- El bailaor o bailaora se prepara iniciando un delicado baile.

El baile

Busca la expresión máxima de sentimientos con movimientos unas veces efusivos y otras, más pausados.

Tiene su propio vocabulario de movimientos: zapateado, desplante, marcaje, paso, braceo.

El toque

Destaca la guitarra con un sonido potente y vigoroso. Su toque requiere gran habilidad y una técnica virtuosa.

Existen diferentes técnicas que caracterizan el toque flamenco de la guitarra: picado, rasgueo, alzapúa, trémolo y golpe.

EL CANTE Y LOS ESTILOS

La expresión estilo flamenco se refiere a cada una de las variedades tradicionales del cante que tiene características propias. Palo es la denominación coloquial de un cante.

José Monge "Camarón"

EL FANDANGO DE ALOSNO

El pueblo de Alosno es considerado la cuna del fandango de Huelva y la calle Real su calle más emblemática.

- **Escucha** en la Red el fandango de Huelva *Calle Real* interpretado por Camarón de la Isla acompañado de Paco de Lucía y Tomatito.
- **Acompaña** con palmas y voz.

Cada estilo tienen su propio ritmo y su propia armonía y, si es bailable, cada uno se interpreta con una danza diferente. Esta variedad tan especial y compleja de la música flamenca le confiere su personalidad.

Pueden dividirse en dos grandes grupos: los cantes festeros, alegres y jubilosos y los cantes más melancólicos y dramáticos. Unos y otros parten de un tronco común formado por las principales familias de estilos: fandangos, soleares, seguiriyas y tangos.

Se suele representar en forma de árbol con infinidad de ramas: se pueden contar más de 50 palos del flamenco.

El palo puede ser un cante libre, que se interpreta sin una exigencia rítmica (las malagueñas, por ejemplo); un cante a palo seco, que no se acompaña ni con toque ni con baile (saeta, debla, toná, martinete son algunos) o un cante a compás en el que el ritmo está marcado con claridad.

Diego "El cigala"

EL CANTE A COMPÁS

El compás ternario

Es el compás más habitual en el flamenco. Son ternarios los fandangos de Huelva, las sevillanas, los verdiales y los jaleos.

Existe una enorme variedad de fandangos andaluces, aunque el más destacado es el de Huelva, que puede llegar a tener hasta treinta y dos estilos de fandangos en la provincia.

Cante, toque y baile siguen el son en compás ternario con el acento en el primer tiempo: **1**23

El compás binario

Puede ser de dos o cuatro tiempos por cada compás. Entre otros estilos, se utiliza en los tangos, los tientos, la rumba y la farruca.

El tango, de origen cubano, es un estilo animado presente en reuniones y fiestas flamencas. La velocidad con la que se interpreta marca el estilo. Por ejemplo, los tangos lentos son tientos; sin embargo, cuando el tango se acelera se convierte en rumba y destaca por la improvisación de movimientos.

El acento se marca en el primer y en el tercer tiempo: **1**2**3**4

El compás alterno

Es un compás muy característico del flamenco, también llamado de amalgama. Las alegrías, las bulerías y la soleá, entre otros cantes, tienen este compás.

Las alegrías son cantes típicos de Cádiz que rebosan la gracia de la tierra gaditana. El cante se introduce con tirititrán tran tran y **esta es la forma más común de acentuarlo:**

1 2 **3** 4 5 **6** 7 **8** 9 **10** 11 **12**

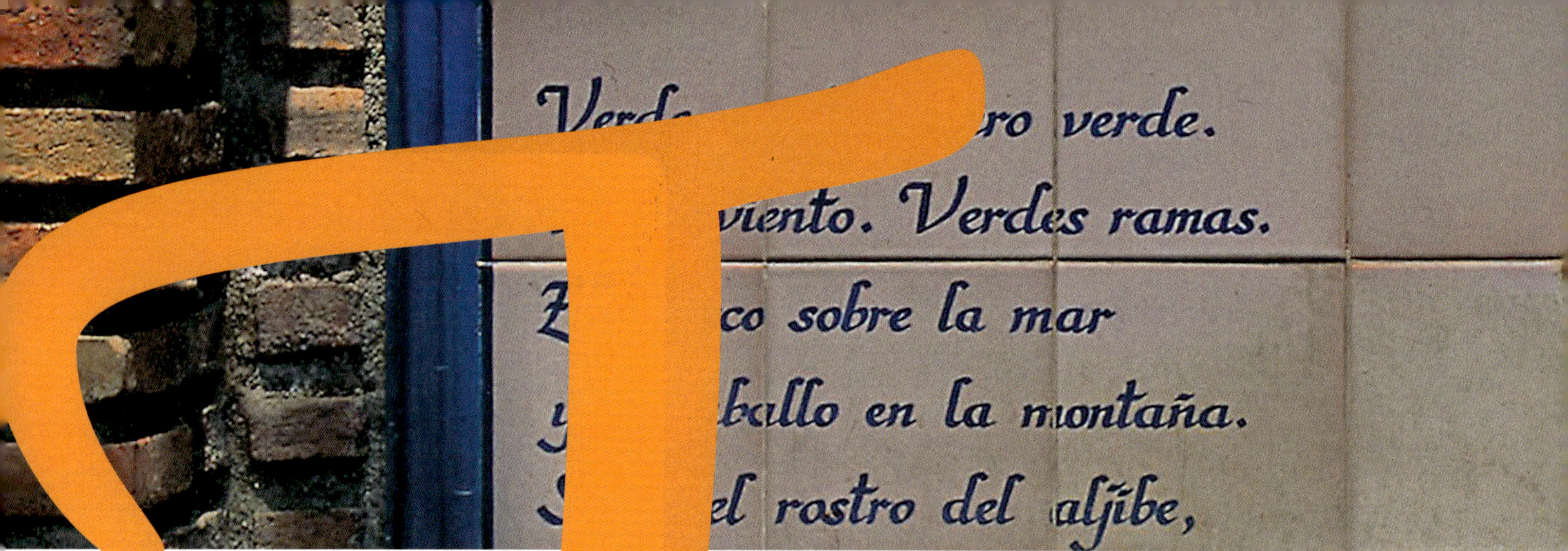

LOS TEMAS DE LOS CANTES

Los temas tratados en los cantes flamencos constituyen un importante elemento que concreta su contenido emocional: la tristeza y el júbilo. Comentan los acontecimientos sociales, históricos y políticos; tratan asuntos amorosos; cuentan la historia del algún personaje, etc.

Pueden ser anónimos o de autor. Abundan las canciones que ya eran populares interpretadas con estilo flamenco. En cualquiera de los casos, recogen el léxico del lenguaje andaluz.

LA RECOPILACIÓN DE TEXTOS

Antonio Machado Álvarez, Demófilo, padre de los poetas Antonio y Manuel Machado, realizó la primera recopilación de letras flamencas populares que publicó en 1881 con el título *Colección de cantes flamencos.*

Federico García Lorca, el gran escritor granadino, dedicó, en su obra, un amplio espacio al flamenco, a lo andaluz y a lo gitano.

Recoge la contradicción presente en el flamenco: el temperamento andaluz y la alegría de sus fiestas frente a la visión trágica de la vida. Sus obras *Romancero gitano* (1928) y *Poema del cante jondo* (1931) así lo atestiguan.

LA TARARA

En su obra *Cantares populares* Lorca recoge la canción *La tarara,* propia del folclore andaluz. Ha nacido aquí pero, como la música no tiene fronteras, ha emigrado y se ha incorporado al bagaje cultural español e incluso de Latinoamérica.

Lorca introdujo modificaciones en su texto; y Albéniz utilizó la melodía como tema principal de uno de los números de la *Suite Iberia:* el Corpus Christi en Sevilla.

- **Visiona** en la Red una versión flamenca de *La tarara.* Canta y acompaña con palmas.
- **Escucha** *Suite Iberia:* el Corpus Christi en Sevilla, de Albéniz.

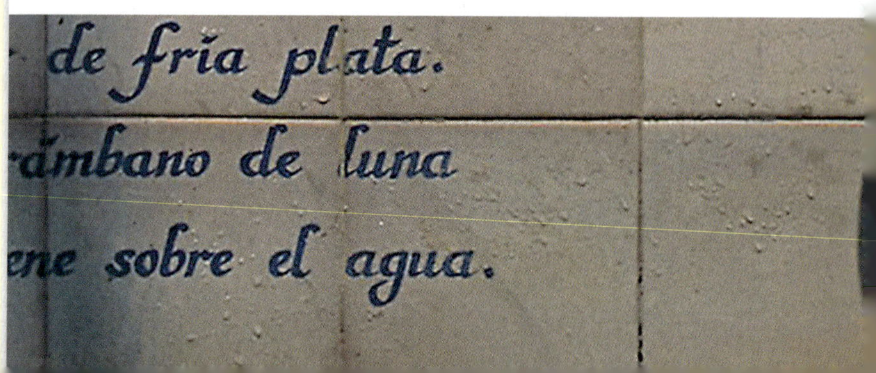

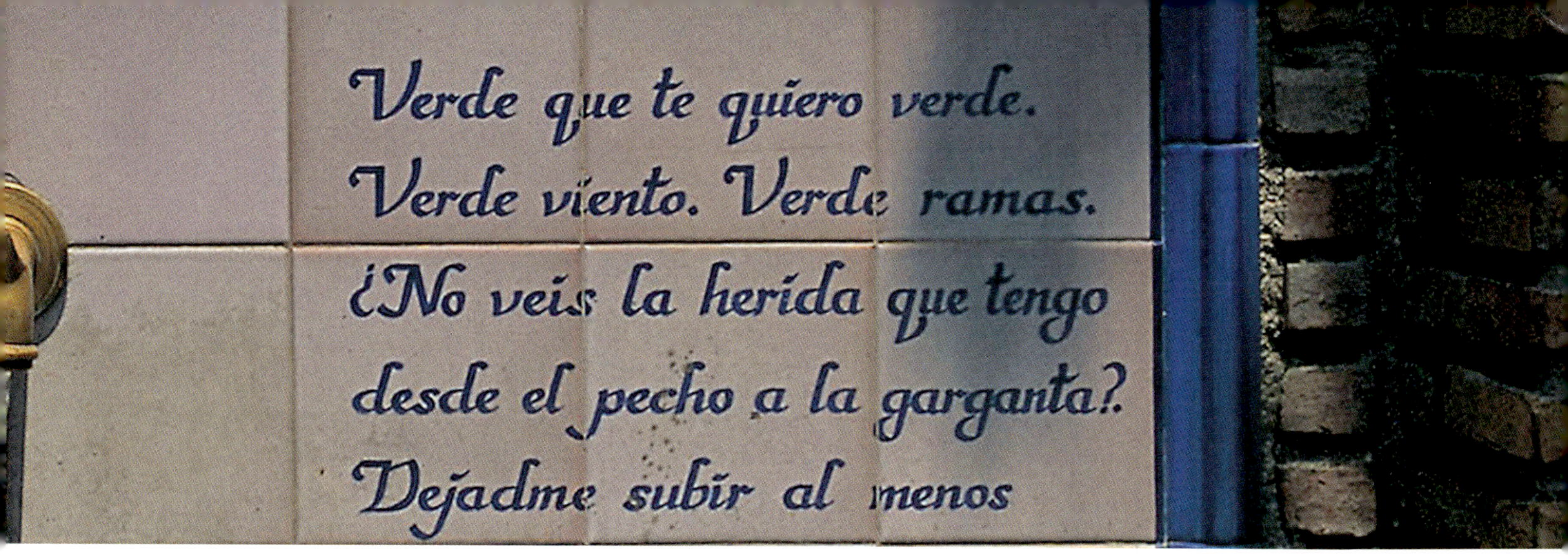

EL FLAMENCO Y LA POESÍA

Son muchos los cantaores flamencos, especialmente desde los años 70 del siglo pasado, que se han fijado en las letras de los poemas de grandes escritores para cantarlas en los diferentes palos del flamenco: Enrique Morente (*Homenaje flamenco a Miguel Hernández,* 1971; *Omega,* 1996), Camarón de la Isla (*La leyenda del tiempo,* 1979), Carmen Linares (*Raíces y alas,* 2008; *Remembranzas,* 2011), etc.

Destacan los poemas musicados de poetas como Federico García Lorca, Antonio Machado, Juan Ramón Jiménez, Miguel Hernández y Rafael Alberti.

Abundan las canciones que ya eran populares interpretadas con estilo flamenco.

LAS FIESTAS CRISTIANAS

La religión cristiana tuvo una fuerte influencia en la cultura de Andalucía que se manifiesta en sus tradiciones festivas. Son dos los grandes períodos que se relacionan con el culto cristiano: la Navidad y la Semana Santa.

Durante **La Navidad,** el pueblo sale a cantar por las calles y las casas una gran variedad de cantos denominados villancicos. Destacan los coros de campanilleros, las rondallas y pastorales, y la zambomba de Jerez.

El cante más peculiar durante **La Semana Santa** es la saeta que expresa el dolor y el sentir más hondo del pueblo andaluz. Es un cante a palo seco que se entona al paso de las procesiones.

POEMAS MUSICADOS

- **Busca** en la Red el poema de Juan Ramón Jiménez titulado *Remembranzas.*
- **Visiona** en la Red la interpretación cantada de ese poema por Carmen Linares. **Sigue** la letra para acompañar el canto y señala los cambios realizados sobre el poema original.

Comentan los acontecimientos sociales, históricos y políticos; tratan asuntos amorosos; cuentan la historia del algún personaje, etc.

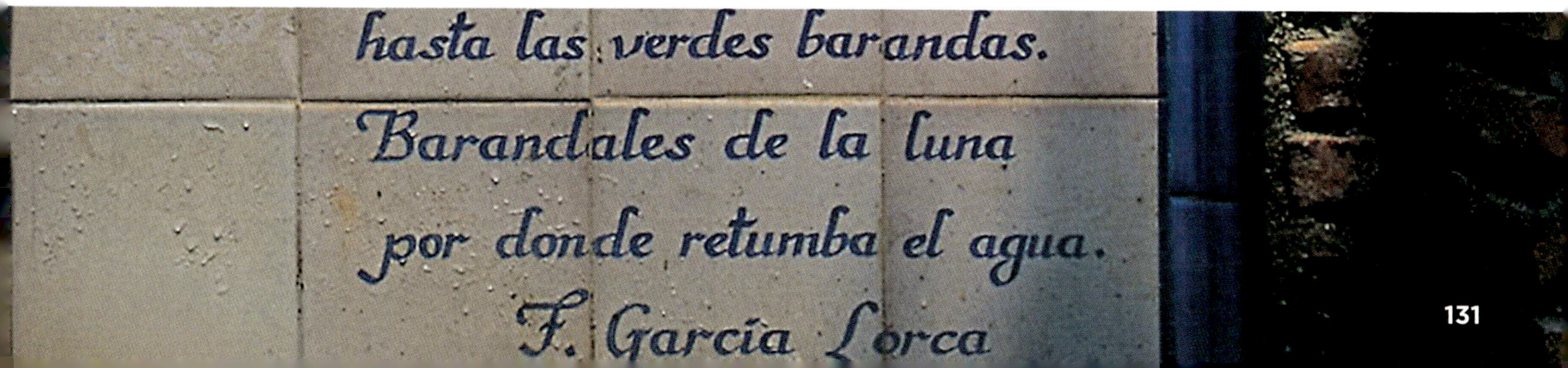

EL TOQUE

La guitarra flamenca, también llamada sonanta, es el instrumento más emblemático del flamenco. Se toca como acompañamiento del cante y del baile y, también, como un instrumento solista.

Las castañuelas o palillos y la percusión de las palmas y del taconeo conforman los instrumentos fundamentales para interpretar el flamenco. El cajón fue incorporado más tarde, procedente de la cultura peruana.

En la actualidad, enriquece la sonoridad de flamenco otra infinidad de instrumentos como flautas, violines, variada percusión, otras guitarras, incluso instrumentos y sonidos característicos del rock, del jazz, del blues, etc., que fusionan el flamenco con otras corrientes musicales.

LA GUITARRA

Se considera a José Patiño González el artífice de la guitarra flamenca. Perfecciona el arte del acompañamiento junto al cantaor Silverio Franconetti. Fue maestro de tocaores.

Su testigo será recogido por Ramón Montoya, que marca un gran cambio en la historia de la interpretación de guitarra. Incorporó técnicas nuevas como el trémolo, las horquillas, los armónicos y distintas clases de arpegios. La guitarra pasa de ser mero acompañante a tener un lugar propio en las estructura básica del flamenco.

Ya la siguiente generación de tocaores terminará por alzar la guitarra a las cumbres más altas con Víctor Monje Serranito, Paco de Lucía y Manolo Sanlúcar.

LAS CASTAÑUELAS

También llamadas palillos, están formadas por dos piezas de madera con forma de platillo unidas por un cordel al dedo pulgar. Su sonido se obtiene al entrechocar dichas piezas, impulsadas una contra la otra por el movimiento de los dedos.

Se utilizan, en general, en toda la música andaluza especialmente como acompañamiento de la danza.

- **Visiona** en la Red *El embrujo del Fandango* con Carmen Amaya. Observa la vitalidad del baile y la fuerza de las castañuelas y del zapateado.

EL JALEO

Son palabras o frases en forma de exclamación que se utilizan para animar e incentivar cualquiera de las manifestaciones del flamenco, tanto el cante como baile o el toque.

Algunas de las más usadas son ¡ole!, ¡arsa!, ¡toma!, ¡mi arma!, aunque también se pueden improvisar en el momento.

- **Visiona** en la Red una bulería y observa cómo este cante fiestero y alegre se presta al jaleo y a las palmas.
- **Toma nota** de las expresiones de jaleo e improvisa tú otras.

Las castañuelas o palillos y la percusión de las palmas y del taconeo conforman los instrumentos fundamentales para interpretar el flamenco.

LAS PALMAS

El acompañamiento rítmico de las palmas es un signo distintivo del flamenco. Es difícil de ejecutar por su complejidad y variedad.

Las palmas flamencas pueden ser:

- Palmas simples que llevan el son. A su vez, pueden ser:
  - Sordas, con un sonido más apagado al golpear palma contra palma.
  - Secas, con un sonido más fuerte y seco percutiendo los dedos de una mano contra la palma de la otra.
- Palmas redoblás: suenan a contratiempo de las que llevan el son.

El arte de las palmas requiere precisión y dominio del ritmo. Pueden marcar el tiempo con todos los golpes que contiene el compás, o bien «al aire» señalando solo los golpes de acento.

EL BAILE

En sus orígenes, el flamenco se bailaba en las reuniones familiares vinculado a la fiesta, al juego y a la bulla. De ahí que algunos palos se nombren con relación a su carácter lúdico: las alegrías, los jaleos, las bulerías...

En el período de los cafés cantantes se establece una nueva estética y un baile más diferenciado para el hombre y para la mujer: ellas evolucionan hacia un baile muy expresivo de cintura para arriba, con amplios movimientos de cabeza y de brazos con dinamismo en las manos y los dedos; y ellos se centran más en el virtuosismo de los pies.

El zapateado es parte del baile. Los zapatos están claveteados en la punta y en el tacón para obtener diferentes sonoridades que convierten el pie en un instrumento más para acompañar el baile.

Antonio *el Bailarín* y a la bailaora Carmen Amaya marcaron los nuevos rasgos del baile para el hombre y para la mujer.

Ellas evolucionan hacia un baile muy expresivo de cintura para arriba, con amplios movimientos de cabeza y de brazos con dinamismo en las manos y los dedos

- **Visiona** en la Red el baile de Antonio el Bailarín que realizó del martinete cantado por el Pili para la película *Duende y misterio* (1952).

El mantón de Manila y el abanico o el pericón aportan plasticidad al baile.

EL VESTUARIO

El vestuario no solo es una de las señas de identidad del flamenco, sino que es un elemento imprescindible para el baile.

El hombre

La indumentaria masculina siempre ha sido muy elegante, caracterizada por el clásico pantalón alto para estilizar la figura, el chaleco y la camisa con chorreras junto con las botas de tacón para el zapateado. Hoy día, el atuendo es un poco más desenvuelto y atrevido.

La mujer

El vestido con volantes y flecos es propio de la indumentaria del folclore andaluz. Y la bata de cola es la prenda estrella de la vestimenta femenina. Tiene cuerpo ajustado y una falda más larga de lo normal llamada «cola», que suele llevar numerosos volantes. Exige de la bailaora un gran sentido del equilibrio, ya que mientras con una pierna levanta la cola, con la otra tiene que mantener el cuerpo erguido.

El zapato de tacón es indispensable para ejecutar el zapateado.

El mantón de Manila y el abanico o el pericón aportan plasticidad al baile. Con una técnica adecuada, la bailaora da vida a estos elementos, con un resultado muy vistoso.

- **Busca** en la Red y visiona un baile de Antonio Gades y Cristina Hoyos, magnífica pareja de baile que permaneció junta más de 20 años llevando el flamenco por todo el mundo. Además, participaron en diversas obras cinematográficas.

LA TRANSMISIÓN

El flamenco se transmite en el seno de las familias (en ocasiones, forman una saga familiar), en las peñas de flamenco, en las agrupaciones sociales y en las organizaciones institucionales. Todas realizan un importante papel en la protección y en la difusión de este arte.

- **Visiona** en la Red el tráiler de la película de Carlos Saura titulada *Flamenco.*
- **Busca** la ficha técnica de la película y elige uno de los artistas del reparto cuyo nombre hayas escuchado antes.
- **Investiga** su biografía y explica si pertenece a una saga familiar de artistas flamencos.

Suma Piezas es un proyecto educativo de Anaya para Educación Secundaria.

En la realización de esta obra han intervenido:

EDICIÓN: Elena Hidalgo

ASESORAMIENTO PARA LA INCLUSIÓN Y LA NO DISCRIMINACIÓN: Víctor Ángel Díez (coordinación), Valle Fernández (revisión)

DISEÑO, GRÁFICOS Y CARTOGRAFÍA: Patricia G. Serrano, Juan Carlos Quignon, Marta Gómez, Miguel Á. Castillejos, Miguel Á. Díaz-Rullo

ILUSTRACIÓN: Pablo Espada

MAQUETACIÓN: Elena Cofiño y Antonio Mateo

CORRECCIÓN: Isabel Gallego

EDICIÓN GRÁFICA: Reyes Gordo

FOTOGRAFÍA: Archivo Anaya (Cosano, P.; Enríquez, S.; García Pelayo, Á; Martin, J.; Martín, J. A.; Martínez, C.; Ortega, Á.; Peñuela Py, E.; Rivera Jove, V.; Steel, M.; Sánchez, J.), AGE Fotostock (Marcelino Ramírez, Nevio doz / Marka), Agencia EFE (Chema Moya; Emilio Beauchy/ CFRivero; Juan Ferrera; Marcial Guillén; Máximo Moreno; Nigel Norringto/Express Syndication/ MAXPPP; Paco Sánchez), Album (AKG-images; De Agostini / A. Dagli Orti; DEA / G. Nimatallah; DeA Picture Library; Erich Lessing; Fine Art Images; Oro-noz; Shenson-Subafilms/United Artists), Cordon Press / Alamy Photo Stock (Alberto Paredes; Andrey Simonenko; Cultural Archive; Digital Image Library; Eddie Gerald; FineArt; GL Archive; Interfoto; Rue des Archives; The Granger Collection, New York), Dreamstime (Exopixel; Paop; Pavel Losevsky; Scaliger; Upthebanner), Getty Images (Bettmann; C Squared Studios / Photo-disc; Clerkenwell; Ian Dickson / Redferns; Jacques Haillot/Sygma; Kaitlyn McLachlan / 500px; Metronome / Archive Photos; Nastasic/E+; Noam Galai; Sergey Alimov / Moment; Sirachai Arunrugstichai / Moment Open), iStockphotos/Getty Images (AlexLMX; Andreyuu; Ayvan; Bob_sato_1973; dvs71; Furtseff; jgaunion; lenanet; Markus Thoenen; -M-I-S-H-A-; monkeybusi-nessimages; pioneer111; PytyCzech; Rawpixel; rtsimages; ru3apr; tomrpayne), Museo de Artes y Tradiciones Populares. Universidad Autónoma de Madrid, 123 RF y colaboradores.

Fundación Bertelsmann
Por el empleo juvenil

ORIENTACIÓN ACADÉMICA Y PROFESIONAL: elaborada con el asesoramiento de la Fundación Bertelsmann.

COMPROMISO ODS

Nuestras publicaciones mantienen el rigor en el uso y en la selección de los contenidos, en las imágenes y en el lenguaje, para cumplir con la **no discriminación** por razón de género, cultura u opinión.

Grupo Anaya considera la **responsabilidad social** y **medioambiental** uno de sus valores fundamentales. Por ello, se compromete a:

· mejorar nuestros resultados en materia de medio ambiente;

· reducir nuestras emisiones de carbono;

· hacer uso de los recursos naturales de manera responsable, y

· eliminar cualquier impacto negativo de nuestra actividad en los bosques en peligro.

Dichos compromisos, entre otros, hacen que **el 100 % del papel utilizado** en nuestros libros tenga el sello **PEFC.**

Importante:

Las **actividades** propuestas en este libro deben ser realizadas en cuadernos u hojas sueltas; nunca en el propio libro.

Los **enlaces** a las páginas web que aparecen en este libro han sido revisados en la fecha de su impresión. La editorial no se hace responsable de las modificaciones o las anulaciones que se produzcan en ellos con posterioridad a dicha fecha.

ISBN: 978-84-698-8308-2 - Depósito Legal: M-2827-2021 - Printed in Spain.

ET040451/1E1I - 8430185